KB271293

화두참선 話頭參禪

화두참선

이계묵 역해

우리출판사

불교가 우리나라에 들어온 지도 1,600여 년이 흘렀다.

불교의 수행방법은 다양하지만 한국불교의 대표적인 수행방법은 화두참선법話頭參禪法이다. 화두참선법은 송나라 때 대혜종고 선사大慧宗杲禪師가 제창한 중국의 독창적인 선수행방법禪修行方法이다.

출가수행승은 선사들의 지도하에 선방禪房에서 화두참선을 하지만 재가불쟈在家佛子나 일반 사회인들이 선禪에 뜻을 두고 막상 공부를 하려고 하면 화두참선에 대한 안내서나 교재가 전무全無하여 어려움을 겪고 있는 것이 현실이다.

그 점을 감안하여 불초함을 무릅쓰고 옛 조사님들의 어록語錄에 산재한 주옥같은 가르침을 한눈에 볼 수 있게 모아서 편집하여 원문을 번역하였고, 난해한 번역문 밑에 누구라도 쉽게 이해할 수 있도록 참선의 길잡이가 되게 해설을 붙였다.

우리가 사는 현실은 정보가 범람하는 지식 정보화 사회다. 자고 나면 매일매일 홍수처럼 범람하는 정보 속에서 참 나를 찾기란 그리 쉽지가 않다. 왜냐하면 참선과는 정반대로 가는 세태이기 때문이다. 참선은 참 나를 찾는 것이다.

조용한 곳에 앉아서 자기 내면의 소리를 듣는 것이 참선이며, 밖으로 세태의 경계에 끌려 다니지 않고 자기 내면에서 파도치는 의식을 관조하는 것이 참선공부다. 그 공부하는 방법을 《치문경훈緇門經訓》에서 장로자각종색선사가 자세히 밝혀 놓았다.

참선은 공부하는 방법만 터득하면 어느 곳에 처하든지 공부를 할 수가 있다.

그러나 초보자는 우선 앉아서 하는 좌선 법부터 익히는 것이 좋다. 참선에 뜻을 둔 참 학자는 좌선공부 내용을 기본으로 하여 옛 조사님들의 뼈를 깎는 구도의 소리를 듣고 보고 익혀서 자기를 찾는데 이정표가 되었으면 한다.

뉴스를 보다보니 대학생이 PC방에서 4일 동안 컴퓨터를 치다가 과로로 사망했다고 한다. 참 딱한 일이 아닐 수 없으며, 종교적 관점에서 보면 원인은 자아상실이다. 현대인들은 누구나 할 것 없이 60%가 컴퓨터 중독증 환자라고 한다. 문명사적으로 보면 컴퓨터는 이 시대의 기계문화이며, 없어서는 안 될 필요한 생활도구다.

그러나 그 생활도구가 사람을 죽게 하고 있다. 무엇이나 과불급過不及이다. 모든 것이 다 그렇다. 적당한 것이 좋고, 넘쳐도 안 되고 모자라도 안 된다. 중도中道가 필요하며, 적당한 적정선을 유지하는 것이 지혜다.

그 지혜는 마음을 닦는데서 나온다. 마음을 닦는 것은 참선밖에 없다. 참선만이 이 시대를 해탈하고 구원시킬 수가 있다. 하루 한 시간만이라도 자아 성찰이 절대 필요하다.

각자 자기 내면의 마음을 관조하라. 내면의 마음을 성찰하고 관조 하다 보면 참 나를 찾을 날이 올 것이다. 이 작은 책이 방황하는 영혼들의 길잡이가 되었으면 한다.

佛紀 二五四八年 老姑山房 尋牛亭에서

和翁居士 李 啓 黙 謹識

제6절 보제존자 시각오선인

제7절 환산정응선사 시몽산법어

第一節

長蘆慈覺宗賾禪師 坐禪儀

좌선할 때 마음가짐

學般若菩薩. 先當起大悲心. 發弘誓願. 精修三昧. 誓度衆生.
不爲一身. 獨求解脫.

장로자각종색선사의 앉아서 참선하는 법이다.

반야를 배우는 보살은 먼저 마땅히 대비심을 일으키고 큰 서
원을 발해서 삼매를 정밀하게 닦은 다음 맹세코 중생을 제도
하되 일신만을 위하여 혼자만 해탈을 구하지 말지니라.

참선은 앉아서 하는 좌선부터 누워서 하는 와선臥禪, 서서
하는 입선立禪, 걸어 다니면서 하는 행선行禪 등 여러 가지 방법이
있다. 사람의 근기에 따라 달리 할 수가 있는 것이 참선이다.

그러나 초학자에게는 앉아서 하는 좌선법이 좋다. 조용한 곳을
택해서 마음을 가라앉히고 앉을 자리 좌복을 준비하여 앉되 앉아

서 참선하는 목적은 반야를 얻기 위함이다.

반야는 범어다. 번역하면 지혜智慧다. 지혜는 우주법의 실상을 아는 것을 지혜라고 한다. 지혜는 선정을 통해서 얻어지는 것이다.

참선하는 사람은 반야를 얻기 위함이니 먼저 큰 자비심을 일으켜야 한다. 자비심은 이타利他를 말함이다. 나도 참선을 하므로 이롭고 참선을 통해서 얻어진 지혜 광명으로 많은 사람을 제도하겠다는 이타심利他心을 일으키는 것이 중요하다.

종색선사는 참선하는 사람의 마음가짐을 《좌선의》에서 말하고 있다. 우리가 반야를 배우는 목적은 첫째가 동체대비심同體大悲心을 일으키고 큰 서원을 세워서 선정삼매를 온전히 닦은 다음 자기 혼자만 해탈하지 말고 모든 중생을 제도할 것을 발원하고 참선을 하라고 했다.

참선하는 목적은 무엇인가? 깨닫기 위함이다. 깨닫고 나서는 무엇을 할 것인가? 중생을 제도하기 위함이다.

참선은 자기 일신의 해탈만 위하여 하는 것이 아니다. 그 점을 자각종색선사는 이 문단에서 설파하고 계신 것이다. 이 장에서는 비悲 · 지智 · 원願, 삼심三心을 말하고 있다.

좌선할 때 발 자세

爾乃放捨諸緣. 休息萬事. 身心一如. 動靜無間. 量其飮食. 不
多不小. 調其睡眠. 不節不恣. 欲坐禪時. 於閒靜處. 厚敷坐
物. 寬繫衣帶. 令威儀. 齊整然後. 結跏趺坐. 先以右足. 安
左髀上. 左足安右髀上. 惑半跏趺亦可. 但以左足. 壓右足而
己

그대는 이내 모든 반연을 버리고 만사를 쉬고 몸과 마음이
하나같이 하여 동정의 사이가 없게 하라. 음식을 요량해서
많이도 하지도 말고 적게 하지도 말며, 수면을 조절하여 부
족하게도 하지 말고 넉넉하게도 하지 말라. 앉아서 참선을
하고자 할 때는 고요한 곳에서 두툼한 좌복을 깔고서 옷과
허리띠는 넉넉하게 푼 다음 위의를 단정하게 고른 연후에 가
부좌를 맺되 먼저 오른발을 왼쪽 넓적다리 위에 올려놓고,

왼쪽 발을 오른쪽 넓적다리 위에 올려놓는다. 혹 반가부좌를 해도 좋다. 다만 왼쪽 발로써 오른쪽 발을 누를 뿐이다.

참선하는 사람은 마음가짐이 중요하다. 첫째로 마음가짐은 잡념 망상을 털어 내야 한다. 참선하는 사람이 온갖 잡념 망상을 하면서 참선을 할 수는 없다. 그리고 모든 일과 인연은 참선하는 동안만큼은 쉬어야 한다. 가정사나 직장 사무관계에서도 벗어나야 한다.

참선할 때는 몸과 마음을 편하게 갖고 마음이 하는 일이나 몸이 하는 일이 똑같아야 한다. 몸 따로 마음 따로 하면 참선은 되지 않는다. 몸과 마음에 끌려 다니다 보면 참선은 되지 않기 때문이다.

그래서 자각종색선사는 몸과 마음을 한결같이 하라고 하셨다. 참선은 몸과 마음을 평정하는데 있다. 몸과 마음이 한결같지 않으면 천년을 앉아 있어도 선정 삼매는 얻지 못한다.

참선은 첫째가 몸과 마음을 하나로 만드는 데 있다. 몸과 마음이 하나가 되면 동정動靜에 간격이 없다. 간격은 틈이다. 틈이 생기면 하나가 될 수가 없다. 움직이면 움직이는 대로 틈이 생긴다. 틈은 양쪽으로 끄달림이다. 즉 경계에 동한다는 말이다. 동한다는 것은 한결같지 않음을 말한 것이다. 몸과 마음이 한결같지 않을 때는 매사 모든 경계가 쪼개진다.

음식을 먹을 때도 마찬가지다. 참선하는 사람은 음식을 먹을 때 너무 많이 먹어도 안 되고 너무 적게 먹어도 안 된다. 음식을 너무 많이 먹으면 앉자마자 잠이 오고, 음식을 너무 적게 먹으면 배고픈 생각 때문에 마음에 평정이 오지 않는다.

참선하는 사람은 음식을 조절하지 못하면 음식 때문에 선정 삼매에 들 수가 없다. 그래서 종색선사는 음식을 알맞게 조절할 것을 말씀하셨다.

잠도 마찬가지다. 참선하는 사람이 잠을 너무 많이 자도 안 되고 너무 적게 자도 안 된다. 잠은 보약이다. 잠을 자지 않으면 몸과 마음에 병이 든다. 수면은 참선하는 사람에게는 넘어야 할 가장 큰 산이다. 잠을 자지 않으면 혼침의 경계에 빠진다. 몸이 우선 피곤하여 앉자마자 수마가 바로 쳐들어온다.

잠을 너무 많이 자도 몸과 마음이 해이해져서 나태하기가 쉽다. 자면 잘수록 더 자는 것이 잠이다. 따라서 잠은 적당하면 좋지만 너무 많이 자면 정신이 혼미해진다.

참선하는 사람이 잠을 적당히 조절하지 못하면 잠 때문에 선정 삼매에 들 수가 없기 때문에 종색선사는 잠도 알맞게 조절하라고 하셨다.

이밖에 좌선할 때 조절해야 할 것이 또 있다. 이것이 좌선오사五事다. 본문에는 없지만 참학자를 위하여 나머지도 기록한다.

다음은 조심調心이다. 마음을 조절한다는 말이다. 마음은 너무 들뜨지도 말고 너무 착 가라앉지도 말라는 말이다. 마음이 들뜨면 흥분하기가 쉽다. 마음이 들뜨고 흥분하면 조절하여 안정시켜야 한다. 마음이 너무 침잠하여도 안 된다. 마음이 너무 가라앉으면 혼침하여 선정 삼매에 들 수가 없다.

다음은 조신調身이다. 참선하는 사람은 몸도 조절하여야 한다. 몸을 너무 다급하게 긴장시켜도 안 된다. 그렇다고 너무 늘어져도 안 된다. 몸을 너무 다급하게 긴장시키면 근육과 전신에 통증이 온다. 그렇다고 몸을 너무 늘어지게 해도 나태하기가 쉽다. 나태는 참선에는 금물이다.

다음은 조식調息이다. 참선하는 사람은 숨도 조절해야 한다. 숨 쉴 때는 숨을 너무 껄끄럽게 해도 안 되고, 매끄럽게 해도 안 된다. 참선할 적에 숨은 체질에 맞는 호흡법을 택하여야 한다. 긴장하면 숨이 매끄럽게 되기가 쉽다. 좌선할 때 호흡법은 숫자에 생각을 멈추는 것도 좋다. 하나에서 열까지 숨을 세면 된다. 열이 되고 나면 아홉, 여덟 하고 역으로 숫자를 세는 것도 호흡을 통한 참선을 하는 방법이 된다.

이것이 부처님의 수식관법이다. 참선할 때 초참자는 우선 장소가 문제다. 장소가 조용한 곳이면 좋다. 시끄러운 곳에서는 마음을 평정하기가 어렵기 때문에 조용한 곳을 택하라고 하셨다. 산속 나무 밑이나 바위 위면 좋다. 가장 이상적인 장소는 사원선방寺院禪房이다. 장소가 조용한 곳이 마련되면 앉을 좌복을 마련해야 한다.

좌선은 앉아서 하는 참선이기 때문에 오래 앉아 있을 수 있는 두툼한 좌복이면 최상이다. 좌복이 아니면 오래 앉아 있을 수가 없다. 딱딱한 장소는 엉덩이가 아프기 때문에 장좌長坐할 수가 없다. 장소와 좌복이 마련되고 나면 허리띠나 옷 맵시를 느슨하게 풀어 매야 한다. 옷 단추나 허리띠를 너무 꽉 조여 매면 호흡하는

데 지장이 많다.

좌선하는 데는 이렇게 하나하나 제반 조건들이 갖춰져야 한다. 하나라도 소홀히 하면 안 된다. 소홀히 하면 소홀히 한 그 곳에 틈이 생겨서 선정 삼매에 들어갈 수가 없다.

다음은 앉는 자세다. 몸과 마음을 바르게 하고 결가부좌結跏趺坐를 해야 한다. 결가부좌는 먼저 오른발을 왼쪽 넓적다리 위에 올려놓고 왼쪽 발은 오른쪽 넓적다리 위에 겹쳐서 올려놓는다. 이것이 결가부좌다. 결가부좌는 앉는 방법 중 하나다. 결가부좌가 되지 않는 사람은 몸이 유연하지 않기 때문에 반가부좌도 좋다.

반가부좌는 좌족左足이 우족右足을 누르는 자세다. 결가부좌가 되지 않는 사람이 억지로 결가부좌를 하면 다리에 쥐가 나고 아프기 때문에 오래 좌선을 할 수가 없다. 좌선은 꼭 결가부좌만 해야 하는 것은 아니다. 반가부좌도 좌선할 수가 있다. 각자 몸에 맞는 앉는 자세를 택하면 된다. 좌선의 자세는 그림과 같다.

① 좌 복

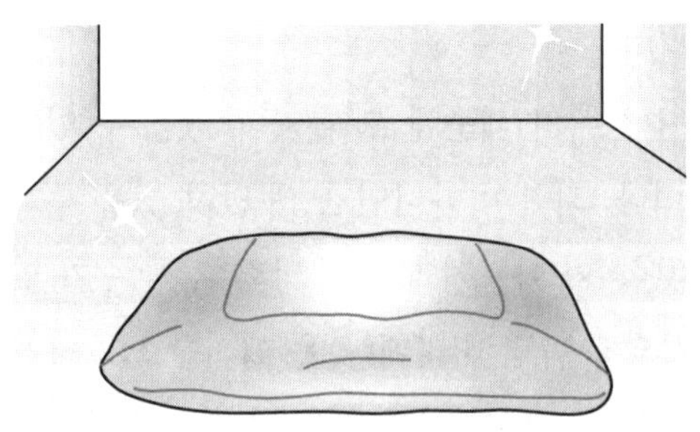

◀ 좌선할 때 앉는 좌복. 뒤쪽으로 좌복을 하나 더해서 반을 접어서 엉덩이 쪽을 받치면 더욱 좋다.

② 결가부좌 자세 순서

③ 결가부좌 자세

④ 반가부좌 자세

▲ 오른쪽 발뒤꿈치를 낭심치골 부위에 바
짝 당겨놓고 왼쪽 발을 오른쪽 발 위에
놓는다. 결가부좌는 오른쪽 발목과 왼쪽
발목이 꼬인 자세지만 반가부좌는 오른
쪽 발목 위에 왼쪽 발목을 가만히 올려놓
는 자세다.

三項 좌선할 때 몸가짐

次以右手. 安左足上. 左掌安右掌上. 以兩手大拇指面. 相柱. 徐徐擧身前向. 復左右搖振. 乃正身端坐. 不得左右側. 前躬後仰. 令腰脊頭項骨節相柱. 狀如浮屠. 又不得聳身太過. 令人氣急不安. 要令耳與肩對. 鼻與臍. 舌柱上齶. 脣齒相着. 目須微開. 免致昏睡. 若得禪定. 其力最勝.

다음에는 오른손을 왼쪽 발 위에 편안히 두고 왼쪽 손을 오른쪽 손바닥 위에 놓아서 두 엄지손가락을 서로 버티게 하여 서서히 몸을 들어 앞으로 향하며, 다시 좌우로 흔들어 본 후에 몸을 바르게 하고 단정히 앉되 반드시 좌우로 기울어지고 앞뒤로 구부러지지 않게 하라. 그렇게 하여 허리와 척추와 머리와 목의 골절을 서로 버티어 모양을 부도와 같이 하라. 또 지나치게 몸을 꼿꼿하게 세워 사람으로 하여금 기급氣急

하게 하여 불안하게 하지 말고 귀와 어깨가 마주 대하게 하며, 코와 배꼽을 서로 대하게 한다. 혀는 입천장을 고이고 입술과 이가 서로 맞닿게 하며, 눈은 가늘게 떠서 혼수를 면해야 하니 만일 선정을 이루면 그 힘이 가장 뛰어날 것이다.

앞장에서는 몸과 마음과 좌복과 장소와 앉은 자리의 자세를 말하였다. 이 장에서는 손의 자세와 좌선하는데 따른 모든 자세를 말하고 있다.

결가부좌나 반가부좌나 먼저 오른손을 왼쪽 다리 위에 올려놓고 왼쪽 손을 오른쪽 손바닥 위에 올려놓으면 된다. 왼손 엄지와 오른손 엄지는 서로 무지면을 맞닿게 하여 위로 세워 지탱하게 하면 된다.

그런 다음에 몸을 서서히 일으켜 전후좌우로 가볍게 흔들어서 좌복 위에 앉은 자세가 편안한가를 점검하고 몸이 앞뒤로 구부러지지 않게 해야 한다.

허리와 척추는 곧게 세우고 머리와 목은 반듯하게 세워 앉은 자세가 절 부도 탑같이 정중하게 해야 한다. 허리와 척추를 곧게 세우면 목에 힘이 빠지면서 목 근육의 긴장이 풀어져서 편안하고 단전에 힘이 생긴다.

단전 중심에 힘이 생기면 목은 자연스럽게 힘이 빠지면서 자세는 안정된다. 그렇다고 몸을 지나치게 꼿꼿하게 세우면 전신에 기氣가 들어가서 근육이 긴장을 하게 되므로 오래가지 못한다.

자세에 힘을 적당하면서 알맞게 주면 가장 이상적인 좌선의 자세가 된다. 가장 바른 좌선의 자세는 귀와 어깨가 서로 나란히 대하게 하고, 코끝과 배꼽이 일직선으로 대치되게 해야 한다. 그래야 앉은 몸의 자세가 앞으로 쏠리지도 않고 뒤로 젖혀지지도 않는 바른 좌선의 자세가 된다.

그 다음은 눈이다. 눈은 감지도 말고 다 뜨지도 말며, 반쯤 실눈으로 뜨고 아래를 내려다볼 적에 코끝에 반점이 형성되는 상태로 앞을 향해 주시하면 된다. 눈을 감으면 잠에 빠지기가 쉽다. 잠은 참선의 가장 큰 장애물이다.

그렇다고 눈을 크게 뜨면 안 된다. 눈을 크게 뜨면 육진경계六塵境界에 마음이 흔들린다. 의식이 밖을 향하고 있기 때문이다. 눈을 크게 뜨고 참선을 하면 망상이 쉽게 일어난다. 그러므로 눈은 반개반폐半開半閉다. 눈을 반개하는 이유는 망상과 잠을 쫓기 위한 최상의 자세다.

그리고 혀는 입천장에 붙인다. 혀를 입천장에 붙이면 이와 입술은 서로 붙게 되고, 어금니는 자연스럽게 딱 다물게 된다.

좌선하는 자세는 이렇게 하면 완전무결하게 된다. 최상의 자세가 최상의 선정을 이룬다. 자세가 바르지 못하면 그 자세로 인하여 병마病魔가 오기 쉽다. 따라서 좌선하는 사람은 좌선의 기본자세부터 익혀야 한다. 자세를 익히지 않으면 좌선은 오래할 수가 없다. 참선의 기본은 좌선이다. 좌선으로 다져진 참선만이 선정삼매에 쉽게 들어갈 수가 있다.

① 좌선에서 손의 자세(오른손과 왼손의 위치)

▲ 오른손은 왼쪽 다리 위에 놓는다.　　▲ 왼손은 오른손 손바닥 위에 놓는다.

② 무지와 무지자세

◀ 오른손 무지와 왼손 무지는
서로 버티게 하여 세운다.

③ 몸을 전후좌우로 흔드는 자세

④ 허리와 척추, 머리와 목의 자세

◀ 허리와 척추는 쭉 펴고 단전에 힘
을 주면 목과 머리에 힘이 빠지면
서 가장 편한 자세가 된다.

⑤ 코와 배꼽의 자세

▶ 코와 배꼽은 일직선이 되게 하고, 귀
와 어깨가 일직선이 되게 하면 가장
이상적인 좌선 자세가 된다.

⑥ 반개반폐 눈의 자세

▶ 눈은 감지 말고 반쯤 뜨면 된다. 눈
을 반쯤 뜨고 코끝을 아래로 주시하
면 코끝에 원형의 반점이 형성되는
자세가 좌선에서 최상의 자세다.

四項 좌선할 때 눈의 병폐

古有習定高僧. 坐常開目. 向法雲圓通禪師. 亦訶人 閉目坐禪.
以爲黑山鬼窟. 蓋有深旨. 達者知焉. 身相旣定. 氣息旣調然
後. 寬放臍腹. 一切善惡. 都莫思量. 念起卽覺. 覺之卽失. 久
久忘緣. 自成一片. 此坐禪之要術也.

옛날 선정을 익힌 고승이 항상 앉아서 눈을 떴다. 이에 법운
원통선사가 또한 눈을 감고 좌선하는 사람을 보고 흑산 귀굴
이라 꾸짖었다 하니 다 깊은 뜻이 있다. 통달한 사람은 알
것이다. 몸과 모양은 이미 정하고 호흡은 이미 고른 연후에
배와 배꼽을 너그럽게 하여 일체 선악을 모두 생각지 말라.
생각이 일어나면 곧 깨달음이라, 깨달으면 곧 없어진다. 오
래오래 반연함을 잊으면 온전히 한결같은 마음을 이룰 것이
다. 이것이 좌선의 요술이다.

좌선은 앉은 자세도 중요하지만 마음을 다스리는 것이 중요하다. 마음을 다스리는 데는 눈의 자세가 중요하며, 눈은 크게 떠도 안 되지만 눈을 딱 감으면 더욱 안 된다. 눈을 감고 참선을 하면 흑산 귀굴 속이라 했다. 아무것도 보이지 않는 암흑세계다. 눈을 감고 참선을 하면 혼침의 경계가 온다. 혼침은 잠이다. 잠은 참선자가 가장 경계해야 할 장애다.

원통법사는 그 점을 설파하신 것이다. 눈은 모든 의식 작용의 뿌리다. 의심나면 한 번 눈을 감고 앉아 보면 알 것이다. 다 선험자의 체험에서 나온 금과옥조의 말씀이다.

자각종색선사의 《좌선의》는 간화선의 참선법은 아닌 것 같다. 염기즉각念起即覺 각지즉실覺之即失이라는 원문을 보면 화두참선법은 아니다. 망상이 일어나면 바로 깨달으라고 하는 것으로 봐서는 관법觀法의 참선법이다. 간화선看話禪은 화두話頭를 드는 참선법이다. 하루 종일 화두를 챙긴다. 무자無字를 들면 무자가 화두가 된다. 모든 생각을 무자에 둔다. 생각이 일어나면 생각이 일어남을 깨달으라 했다. 생각이 일어남을 깨달으면 그 생각이 바로 없어진다고 했다. 천 생각 만 생각이 일어나더라도 바로 깨달으면 된다. 나쁜 생각이 일어나든지 좋은 생각이 일어나든지 간에 바로 일어난 그 생각을 알아차리면 된다는 것이다. 종색선사 참선법은 위빠사나 선법에 가까운 참선법이다. 생각이 일어나면 일어난 생각을 바로 알아차리라고 했다. 그러나 화두참선법은 다르다. 천 생각 만 생각도 화두에 매어 두는 참선법이다. 이러하든 저러하든 방법은 다르지만 삼매에 드는 것은 같은 것이다.

五項 선정을 얻고 나면

竊爲坐禪. 乃安樂法門. 而人多致疾者. 蓋不善用心故也. 若善
得此意則. 自然四大輕安. 精神爽利. 正念分明. 法味資神. 寂
然淸樂. 若已有發明者. 可謂如龍得水. 以虎靠山. 若未發明
者. 亦乃因風吹火. 用力不爲. 但辨肯心. 必不相賺.

그윽이 생각하건대 좌선은 이내 안락법문이다. 사람들이 많
이 병을 앓는 것은 다 마음을 잘못 쓰기 때문이다. 만일 이
뜻을 잘 얻을 것 같으면 자연히 사대가 평안하고 정신이 상
쾌하며 바른 생각이 분명하여 법미가 정신을 도와 고요히 맑
고 즐거울 것이다. 만일 이미 발명했다면 가히 용이 물을 얻
는 것 같고 범이 산에 의지한 것 같다. 설사 발명치 못했다
할지라도 또한 이에 바람으로 인하여 불이 붙는 것 같아서
쓰는 힘이 많지 않을 것이니 단지 즐거운 마음으로 판단하

라. 반드시 그대를 속이지 않는다.

참선을 잘하면 그것이 최상의 안락법문이다. 화두 삼매에 들어서 적적 성성하면 마음이 그렇게 편안할 수가 없다.

참선도 기초가 튼튼히 다져서 잘하면 최상의 안락 국토지만 잘못하면 많은 사람들이 병이 들어서 도중에 그만두고 만다.

병이 든 원인은 마음을 잘못 쓰는데 있다. 참선하는 사람이 너무 급하게 깨달으려고 화급심을 내어도 열이 상초로 뻗어서 병이 생기고 만다.

참선하는 사람은 몸과 마음을 청결히 하고 모든 반연을 쉬어서 오로지 "이 몸뚱이를 끌고 다니는 이 놈이 무엇인고"하고 의심을 해야 한다. 천 생각 만 생각이 일어나더라도 "이 뭣고" 하고 본래 주인공을 의심하여 찾아야 한다.

매일 앉자 눕자 먹자 자자 하는 이 몸뚱이 주인을 찾는 것이 화두참선법이다. 참선하는 사람은 너무 마음을 조급하게 갖지도 말고, 그렇다고 너무 태만해서도 안 된다.

소치는 목동이 소 코뚜레를 잡는 것같이 해야 한다. 곡식 밭을 해치려 하면 얼른 끌어당기고 풀밭에 풀을 뜯으면 그냥 두는 것과 같이 우리 마음도 천 생각 만 생각 잡념 망상으로 치달으면 얼른 "이 뭣고"하고 챙겨야 한다. 잡념 망상이 일어나면 얼른 잡념 망상이 일어난 것을 알아차려야 한다.

망상이 망상인 줄 모르고 망상에 끄달려 빠지면 참선이 아니다. 망상이 일어나면 얼른 망상인 줄 알아차리는 것이 중요하다.

바른 생각이 분명하다는 것은 맑은 정신이 지속됨을 말한 것이다. 용이 물을 얻는 것과 같고, 호랑이가 산에 의지하는 것 같다는 것은 참선공부가 순일함을 말한 것이다. 화두를 억지로 들지 아니해도 화두가 순일하게 들어짐을 말한 것이다.

六項 도가 높아지면 마가 성하다

然而道高魔盛. 逆順萬端. 但能正念現前. 一切不能留礙. 如
楞嚴經. 天台止觀. 圭峰修證儀. 具明魔事. 豫備不虞者. 不可
不知也.

그러나 도가 높아지면 마군이 성하여 역순 경계에 끄나풀이
만 개가 될 것이니 다만 능히 바른 생각이 앞에 나타나면 일
체에 능히 걸림이 있지 않다. 저 《능엄경》과 《천태지관》과
《규봉의》《수증의》에 갖추어서 마사를 밝혔으니 미리 갖추
지 못한 사람은 가히 알지 못할 것이다.

  도고마성道高魔盛은 수행의 경지가 높을수록 마가 더 성하
다는 말이다.

  몸과 마음이 바르고 곧으면 마魔가 붙을 리가 없다. 몸이나 마

음에 틈이 생기면 그 틈으로 마가 침노한다. 마는 밖에서 오는 것이 아니다. 몸과 마음에서 오는 것이 마다.

몸과 마음을 잘 조복 받으면 보리열반菩提涅槃이지만 몸과 마음 경계에 끄달리면 그곳이 마군의 소굴이다.

《능엄경楞嚴經》에서는 오십변마장五十辯魔障을 말하였다. 색수상행식色受想行識 오온五蘊에 각각 십종경계十種境界씩 수행하는 중에 나타나는 것에 집착하여 빠지면 그것이 오십종五十種의 마魔가 된다.

수행을 하다보면 우리 몸이 쇠벽을 뚫고 나갈 수가 있기도 해서 물질의 장애를 벗어나기도 한다. 우리의 오장육부五臟六腑를 훤히 볼 수도 있고, 우리 몸이 초목과 같아서 태우거나 칼로 찌르더라도 감각을 느끼지 못하며, 몸을 태워도 태워지지 않고, 자기가 마음먹는 대로 여자 몸으로 변할 수도 있게 된다. 이런 경계는 색경色境에서 나타나는 경계다. 이런 현상에 집착하여 빠지거나 교만을 부리면 이것이 마魔의 경계가 된다.

또한 연민심이 용솟음쳐서 파리나 모기 따위의 미물을 보면 불쌍한 마음이 나서 눈물이 비 오듯이 쏟아진다. 이런 것은 비마悲魔가 들어와서 그러한 현상이 나타나며, 또한 무한한 용맹심이 나타나서 하늘과 땅을 꿰뚫는다. 이때는 부처고 신이고 모두 발 아래로 보인다. 이런 경계는 광마狂魔가 나타나는 것이다.

몸에 칼이 들어와도 눈 하나 깜짝하지 않는다. 불상은 나무 쪼가리나 돌 혹은 흙덩어리로 봐서 절하는 것을 미신이라고 한다. 이런 현상은 만마慢魔가 나타나는 현상이며, 수경受境에서 나타나는 마魔의 현상들이다. 오십종五十種의 마의 현상들을 낱낱이 다

들 수는 없다. 수행자는《능엄경》오십변마장을 참고 하기 바란다.

참선 수행을 하다보면 별의별 이상한 경계가 나타난다. 수행자가 그 경계에 집착하여 빠지면 절대로 안 된다.

수행은 올바른 선지식 밑에서 하는 것이 좋다. 수행修行의 정사正邪를 가려주는 것이 눈 밝은 선지식이다. 그런 참 선지식을 만나야 수행이 바른 길로 갈 수가 있다. 마가 마인 줄 모르고 그 경계에 집착하면 공부는 성취할 수가 없다.

《천태지관》과《규봉의》《수증의》도 다 수행을 바로 하기 위한 수행의 지침서들이다.

七項 출정 후 몸 자세

若欲出定. 徐徐動身. 安詳而起. 不得卒暴. 出定之後. 一切時
中. 常依方便. 護持定力. 如護嬰兒. 卽定力. 而成矣. 夫禪定
一門. 最爲急務. 若不安禪靜慮. 到遮裡. 總須茫然.

만약 선정에서 나오거든 서서히 몸을 움직여서 편안히 조심
스럽게 일어나고 급하게 일어나지 말지니라. 선정에서 나온
뒤에는 일체 시간 가운데에 항상 방편에 의지해서 정력을 보
호하여 가지고 어린아이를 보호하는 것같이 하면 곧 정력을
쉽게 이룰 것이다. 대개 선정의 일문이 가장 급한 임무이니
만약 안선 정려치 못하면 이 속에 이르러 모든 것이 망연하
게 되기 때문이다.

이 문단은 참선하는 사람은 행동거지를 여법하게 하라는 말이다. 참선이 끝나고 방선시간放禪時間에도 몸을 천천히 움직여서 화두는 놓지 말고 몸과 마음을 어린아이를 보듯 조심조심하라는 말씀이다.

참선은 몸과 마음을 관찰하는 공부다. 공부가 여법하게 된 수행자는 행동거지가 경망스럽지 않고 의젓하다. 태산이 움직이는 것같이 아주 묵중하다. 일부러 그렇게 하는 것이 아니라 몸과 마음을 관조하다 보면 그렇게 행동거지가 신중하게 된다.

진지하고 신중한 태도가 수행자의 자태다. 경망스럽게 촐랑대는 것은 수행자의 자태가 아니다. 일 초 일 분을 신중하게 살아가는 모습이 수행자의 진지한 모습이다.

八項 죽고 사는 것이 자유롭다

所以探珠. 宜靜浪. 動水取應難. 定水澄淸. 心珠自現. 故圓覺
經云. 無礙淸淨慧. 皆依禪定生. 法華經云. 在於閒處. 修攝其
心. 安住不動. 如須彌山. 是知超凡越聖. 必假靜緣. 坐脫立
亡. 須憑定力.

이런 까닭으로 구슬을 찾을 때는 마땅히 풍랑을 쉬게 할지니 물결이 동하면 구슬을 찾기가 어렵게 되는 것이다. 선정의 물이 맑고 깨끗하면 마음 구슬이 자연히 나타난다. 그러므로 《원각경》에 이르되 걸림 없는 청정한 지혜가 다 선정을 의지하여 난다하고, 《법화경》에 이르되 한가한 곳에 있어 그 마음을 거두어 닦되 편안히 머물러 동하지 않기를 수미산같이 하라 하시니 이로써 알라. 범성을 뛰어넘고자 하면 반드시 정려靜慮를 가자 할 것이고, 앉아서 해탈하고 서서 죽고자 하면 반드시 정력定力을 의지하라.

여기서 구슬은 마음 불성을 말한 것이다. 마음을 찾고자 하는 자는 잡념 망상을 쉬어야 한다. 물 속에 구슬은 물이 잠잠해야 찾을 수가 있듯이 마음속 불성은 번뇌 망상심이 다 쉬어야 한다.

지혜는 선정에서 나온다. 마음의 번뇌가 다 쉬고 깨끗해졌을 때 지혜 광명이 나온다. 지혜 광명은 불성의 현현이다. 선정의 힘은 지혜 광명도 현현하지만 범부를 성인으로 만들기도 하고 앉아서 죽고 서서도 죽고 자유자재하다.

옛날 등은봉 스님은 거꾸로 물구나무를 선 채로 열반하셨다. 좌탈입망坐脫立亡하신 스님은 숫자로 셀 수도 없이 많다. 죽고 사는 것을 자유자재로 하셨는데 그것이 다 선정력에서 비롯된 것이다.

九項 정각을 다 같이 성취하라

一生取辦. 尙恐蹉跎. 況乃遷延. 將何敵業. 故古人云. 若無定
力. 甘伏死門. 掩目空歸. 宛然流浪. 幸諸禪友. 三復斯文. 自
利利他. 同成正覺.

일생을 두고 판단을 취하여도 어긋날까 두려운데 하물며 천
연히 하면 장차 무엇을 가지고 업에 대적할 것인가. 그러므
로 고인이 이르되 만약 정력이 없으면 달게 죽음의 문에 엎
드려 눈을 감고 속절없이 돌아가며 완연히 유랑한다 하시니,
바라건대 모든 선우禪友들은 이 글을 거듭 세 번 읽고 나도
이롭게 하고 남도 이롭게 하여 함께 정각을 이룰지어다.

공부가 되어 있는 자와 공부가 되어 있지 않는 자는 죽을 때 보면 그 진가眞價가 나타난다. 선정의 힘이 없는 사람은 임종할 때 보면 모두가 다 혼비백산魂飛魄散이다. 마음이 성성적적寂寂하지를 못하기 때문이다. 혼이 다 빠져서 자식이 와도 모르고 가족이 와도 모른다. 그러니 갈 곳을 모르는 불쌍한 영혼이 되고 만다.

눈빛이 떨어질 때 성성하게 깨어 있어야 한다. 깨어 있지 못하면 갈 곳을 모르는 영혼이 되고 만다. 깨어 있는 마음은 하루아침에 얻어지는 것이 아니다. 평생 동안 쌓아 온 선정禪定의 힘 때문이다.

종색선사는 《좌선의》 말미에 이 《좌선의》를 읽고 또 읽어서 나도 이롭게 하고, 남도 이롭게 할 것을 권하고 계신다. 수행자는 마음에 간절히 새겨야 할 일이다. 참선을 어떤 방법으로 하든지 간에 종색선사 좌선의는 가장 좋은 기초석이다. 《좌선의》로 선정이 무르익으면 그때는 행선行禪도 와선臥禪도 할 수가 있다.

좌선은 참선하는 한 가지 방법이다. 좌선만이 참선이 아니다. 참선은 방법만 몸에 익으면 앉고 눕고 서고 가고 어느 때 어느 장소에서도 일념으로 할 수 있는 것이 참선이다.

그렇게 되기까지는 종색선사 좌선의를 익혀서 정각正覺을 성취할 때까지 앉으나 서나 피나는 노력이 있어야 한다. 노력 없이 되는 일은 하나도 없다. 수행은 더욱 그렇다.

第二節

蒙山和尙 無字十節目

一項 쇠몽둥이로 친다

僧問趙州. 拘子還有佛性也無. 州云無. 蠢動含靈. 皆有佛性.
趙州因甚道無. 若言趙州禪. 口皮邊照顧. 他日喫鐵棒.

몽산화상의 무자 십절목이다.

어떤 중이 조주에게 묻되 개에게도 불성이 있습니까 하니
조주가 말하기를 없다 했다. 꿈틀거리는 중생이 다 불성이
있는데 조주는 무엇 때문에 없다고 하였는가. 만일 조주선
을 말하는 곳에서 찾으면 뒷날 쇠몽둥이를 맞게 될 것이다.

화두참선에 첫째 공안 화두가 조주무자無字다. 가장 많이
참구하는 화두가 무자화두다. 1,700 공안 중에 첫째 가는 공안
이다.

하루는 어떤 중이 조주스님한테 "개에게도 불성이 있습니까,

없습니까?" 하고 물었다. 조주선사가 "무"라 했다.

부처님께서는 유정물有情物 무정물無精物이 다 불성佛性이 있다고 하셨는데 조주선사는 어째서 개에게는 불성이 없다고 하였는가가 의문이다.

화두는 의심이다. 의심하지 않는 화두는 없다. 조주선사가 무라고 한 말 속에 말을 찾는 것이 화두(의심)참선이다. 조주선사가 무라고 한 조주선사 입이나 쳐다본 수좌는 몽산화상이 쇠몽둥이로 친다고 하셨다. 화두참선은 의심하는 데 있지 결코 따지고 쪼개는 데 있지 않다.

二項 공안은 자물쇠다

殊不知三世諸佛骨髓. 歷代祖師眼目. 一期掀出. 在你面前.
性燥漢. 一肩擔荷得去. 山僧柱杖子. 亦未肯打你在. 且道.
畢竟如何. 只這箇無字. 全無巴鼻. 有些巴鼻. 或者. 謂是斷
命刀子. 開差別智底鑰匙. 好與三十榜. 是賞耶. 罰耶. 直饒
道得諦當. 你在甚處. 見趙州盡道. 趙州古佛. 眼光爍破四天
下. 觀其道箇無字. 性命落在. 本色衲子手裏.

자못 삼세 모든 부처님의 골수와 역대 모든 조사님네의 안
목을 한눈에 드러내어 그대의 면전에 보여준들 알지 못할
것이다. 성질이 급한 자가 한 어깨에 메어 가면 산승의 주
장자로도 그를 치지 못할 것이다. 일러보라. 필경에는 어떠
한가. 다만 이 무자가 전혀 손잡이가 없되 조금 잡는 것이
있으면 어떤 자는 이것이 목숨을 끊는 칼이라 하고 이것이

차별지를 여는 열쇠라고 한다. 삼십방을 치는 것이 좋겠다. 이것이 상인가? 벌인가? 곧바로 이치에 맞게 말할지라도 그대가 어느 곳에서 조주를 보았는가. 모두 이르기를 조주는 고불古佛이라. 눈빛이 온 누리를 비춘다고 하니 이 무자無字를 이른 것을 보면 성명이 본색 납자에 떨어져서 있음이다.

조주무자는 삼세제불과 역대 모든 조사의 안목으로도 어찌 할 수가 없다 하였다. 설하려야 설할 수가 없고, 드러낼 내야 드러내 보일 수가 없는 것이 조주무자다.

이 조주무자에서 의심이 타파된다면 제불보살과 안목이 같다.

이 무자화두를 들되 천 생각 만 생각 위에 다만 무, 무 하라. 밥을 먹을 때도 무, 잠을 잘 때도 무 해서 무와 하나가 되어야 한다.

무와 하나가 되는 것이 참선 납자의 본분이다. 화두를 떠나면 본분 납자가 아니다.

三項 조주 보검

有一等人. 更向他無字上. 計滋味. 豈不鈍置平生. 雖然. 趙
州道無. 你作魔生會. 趙州露刃劒. 寒霜光焰焰. 擬議問如何.
分身作兩段. 喝癡人面前. 不得說夢.

일등인이 있어 다시 저 무자를 향해서 재미를 찾으니 어찌
한평생을 어리석게 보내는 것이 아니겠는가. 비록 그러나
조주가 이른 무자無字를 그대는 어떻게 생각하는가. 조주의
드러낸 칼날이 서릿발이 나게 차가우니 머뭇거리면서 어떠
한가 묻는다면 몽둥이가 두 동강이가 날 것이다. 할을 하고
이르기를 어리석은 사람 앞에서는 꿈을 말하지 않는다 하였다.

근기가 수승한 사람이 다시 무자無字에 재미를 붙인다면
한평생을 허송세월하는 둔한 사람이 된다. 무자화두無字話頭는 의

단을 타파하는데 있다. 무자화두에 묻혀서 평생을 좌복 위에서
보내서는 안 된다.

조주무자는 서슬이 시뻘건 검과 같다. 칼날에 닿으면 두 조각
이 나고 만다. 개에게는 불성이 없다고 한 조주선사의 마음을 꿰
뚫어 보아야 한다. 없다고 한 조주선사 입을 쳐다봐서는 백날 천
날 참구해 봐야 어리석은 짓이다. 어리석은 사람은 꿈속에 꿈을
진짜인 줄 안다.

꿈은 꿈인데 꿈이 진짜인 줄 아는 것이 중생이다. 중생은 집착
이 병이다. 집착하지 않는 중생은 중생이 아니다.

四項 공안은 쇠말뚝이다

要且我王庫內. 無如是力. 畢竟趙州. 是何面目. 妙喜道. 不
是有無之無. 不是眞無之無. 還識妙喜麼. 若不具眼. 又去東
卜西度. 轉添意識. 切忌切忌. 靈利漢. 且道. 趙州意. 作魔
生. 近來多道. 無字. 是鐵掃箒. 趙州意. 果如是否. 有引他
後語. 爲證者. 錯了也瞎漢.

또한 우리 임금님 곡간에는 이러한 칼이 없으니 마침내 조
주는 어떤 면목인가. 묘희화상이 이르되 이것은 있다 없다
의 무도 아니며 참다운 무도 아니다하셨다. 도리어 묘희를
알겠는가. 만약 안목을 갖추지 못하였으면 동에서 헤아리고
서쪽에서 헤아려서 의식 알음알이만을 더할 뿐이다. 부디
삼가고 삼갈지니라. 영리한 사람은 일러 보아라. 조주의 뜻
이 어떠한고? 요사이 흔히 이르기를 무자는 쇠로 만든 빗자

루라 하니 조주의 뜻이 그러한가? 아닌가? 다른 사람의 뜻을 인용하여 증명하려 하는 자는 잘못 눈이 먼 놈이 아니다.

조주무자는 공안 의단으로서 무자다. 무자화두를 있다 없다로 풀려고 하면 안 된다. 이리 생각 저리 생각 생각으로 알려고 해도 안 된다. 묘희는 대혜종고선사를 말한다.

서장에서 무자화두無字話頭의 십종병폐十種病弊를 말했다. 무자화두는 있다 없다의 무도 아니다. 무가 진무지무眞無之無도 아니다. 절대 무도 아니다. 그저 무無일 뿐이다. 무자無字를 이치나 논리로 풀려고 하면 안 된다.

화두참선은 화두에 온 정신을 집중해야 한다. 무자면 무자에 의심을 두고 무無에 몰입해야 한다. 무자화두와 하나가 되어야 한다. 밥을 먹어도 무, 잠을 자도 무, 무자 속에서 살아야 한다.

무자와 하나가 될 때 조주선사가 무無라고 한 무가 보일 것이다. 무 따로 나 따로 이면 화두참선은 아니다. 무자와 하나가 될 때 조주선사의 간과 쓸개를 보게 될 것이다. 화두는 의심이 생명이다.

五項 화두는 나귀 매는 말뚝이다

莫將閑學解. 埋沒祖師心. 喝有云無字. 是繫驢橛.　你在何
處. 夢見趙州. 欲得不招無間業. 莫謗如來正法輪. 許多弊病.
都拈去也. 畢竟這箇無字. 落在甚處. 這箇無字. 有心無心.
俱透不得. 棄命向未擧已前着眼. 忽然再生. 了徹無擧. 一千
七百則公案. 誰敢向. 你面前拈出.

부질없이 배운 알음알이를 가지고서 조사님네의 마음을 묻
어 버리지 마라. 할하고 어떤 사람이 이르기를 무자는 나귀
매는 말뚝이라 하니 그대가 어디서 꿈에라도 조주를 보았느
냐. 무간 지옥에 갈업을 짓지 않으려거든 여래의 정법륜을
비방하지 마라. 허다한 폐단과 병통을 모두 걷어 버렸으니
필경에는 이 무자가 어느 곳에 있는가. 이 무자는 유심으로
도 무심으로도 다 뚫을 수가 없다. 목숨을 내놓고 화두를

들기 이전을 향해서 착안하여 홀연히 다시 의정을 일으켜 남김없이 사무쳐 알면 천칠백 공안을 누가 감히 그대의 면전을 향해서 들겠는가.

🛎 쓸데없이 알음알이도 조주무자가 어떻고 조사의 뜻이 어떻다고 하지 말라는 말이다.

화두는 천 생각 만 생각을 묶어 놓은 쇠말뚝이다. 이리 뛰고 저리 뛰고 설쳐대는 망아지도 말뚝에 매어 있으면 도망칠 수가 없다.

화두는 잡념 망상을 매어 놓는 쇠말뚝과 같다. 천 생각 만 생각이 결국은 무자화두에 묶이고 만다. 쇠말뚝과 같은 것이 화두다.

화두는 잡념 망상을 한곳에 묶어 놓은 쇠말뚝이다. 그래서 화두는 일념―念으로 들어야 한다. 따지고 볶고 쪼개고 할 것 없이 그냥 어째서 무라고 하였는가 하고 의심할 뿐이다. 1,700 공안 화두도 이 무자를 벗어나지 않는다. 목숨을 걸고 어째서 무라고 하였는가 하고 의심해야 한다.

六項 무자를 타파하라

諸佛祖師. 大機用神通三昧. 三玄三要. 種種差別智. 一切
無礙慧. 盡從此出. 雖然. 那箇是你自己. 一大藏敎. 是箇切
脚. 曾切着者. 箇無字否. 靈利漢. 直下掀翻. 洞明自己. 捉
破趙州. 勘破佛祖得人憎處. 許你道大藏敎. 是拭蒼疣紙. 雖
然如是. 者箇無字. 從何處出. 如是主張箇無字. 有甚奇特.
宗門中許多公案. 還有要妙過此無者否. 若有. 何得如是品題
也. 若無. 未有趙州時. 豈無佛祖. 具眼衲僧. 一點難謾. 速
道.

모든 부처님과 조사님네들의 큰 기틀과 큰 작용인 신통삼매
와 삼현과 삼요와 갖가지 차별지와 온갖 무애혜가 다 이로
부터 나왔다. 그러나 어느 것이 그대의 자기인가. 일대 장
교가 이를 주석한 것이니 일찍이 이 무자도 주석하였는가?

못하였는가? 영리하다면 바로 뒤집어 자기를 밝게 밝혀서 조주를 붙잡으며 부처님과 조사님들이 사람들에게 미움 받던 곳을 알아차릴 것이니 그대가 일대 장교를 피고름 씻는 종잇조각이라고 하더라도 허락하겠다. 그렇더라고 이 무자는 어디서 나왔는가. 이와 같이 무자를 주장하는 것이 무슨 기특함이 있겠는가. 종문 중의 숱한 공안 가운데에 요긴하고 미묘함이 이 무자를 넘어서는 것이 있는가? 없는가? 만약, 있다고 한다면 어찌하여 이와 같이 저를 평가하며, 만약 없다고 한다면 조주가 태어나기 전에는 부처님과 조사님들이 없었으랴. 안목을 갖춘 납승은 한 점도 속이기 어려우니 빨리 일러라.

화두참선도 마음 하나 깨닫기 위해서다. 마음을 깨닫기 위해서 제불 조사가 노심초사 고구정녕하신 것이다.

부처님 49년 설법이 팔만대장경이다. 팔만대장경도 마음이 부처인 것을 설파하신 것이다. 역대 조사선어록도 마음이 부처인 것을 밝혀 놓은 것이다. 근기에 따라 수행방법은 다르지만 다 마음이 부처인 것을 깨닫기 위해서다. 어떤 사람은 염불 삼매로 마음의 부처를 보고, 어떤 사람은 간경으로 부처를 보기도 하며, 어떤 사람은 화두참선으로 마음 부처를 깨닫기도 한다.

마음 하나 깨달으면 팔만장경도 피고름 씻어내는 휴지인 것을 안다. 그런 안목을 갖춘 자라야만 1,700 공안도, 무자 화두도 손바닥 손금이 된다.

모르면 쥐어줘도 모른다. 화두참선하는 사람은 조주무자를 들어라. 어째서 조주선사는 무라고 하였는가 하고 의심하고 의심을 하여 의심으로 똘똘 뭉쳐지고 나면 자나 깨나 무가 될 것이다.

그렇게 되고 나면 화두가 내가 되고 내가 화두가 된다. 화두와 하나가 되다보면 좋은 소식이 온다. 좋은 소식은 '아' 하는 때다. '아' 하는 때는 돈오頓悟하는 때다. 돈오는 견성성불見性成佛이다. 참선의 목적은 견성성불에 있다.

무자 십절목은 화두참선의 경절문이다. 바로 이르게 하는 직절문이다. 한순간에 바로 부처가 되는 길이다.

第三節

蒙山和尙 示古原上人

화두를 챙겨라

話頭上有疑不斷. 是名眞疑. 若疑上. 小時又無疑者. 非眞
心發疑. 屬故作. 是故. 昏沈掉擧. 皆入作得. 更要坐得端
正. 一者睡魔來. 當知是何境界. 纔覺眼皮重. 便着精彩.
提話頭一二聲. 睡魔退. 可如常坐. 若不退. 便下地行數十
步. 眼頭淸明. 又去坐. 千萬照顧話頭. 及常常鞭起疑. 久
久工夫純熟. 方能省力.

몽산화상이 고원상인에게 주신 말씀이다.

화두에 의심이 끊어지지 않는 것이 참 의심이라고 한다. 만
약에 의심이 잠깐 생겼다가 다시 의심이 없어진다면 이것은
참 마음으로 의심을 낸 것이 아니다. 억지로 조작해서 낸
것이다. 그러니 혼침이니 도거니 하는 것이 온통 끼어들게
된다. 좌선할 때는 단정해야 한다. 첫째로 수마(졸음)가 올

때는 마땅히 이것이 무슨 경계인가를 알아차려야 한다. 눈꺼풀이 무거워지는 것을 깨닫자마자 정신을 바싹 차려서 화두를 한두 번 소리 내어 들어라. 졸음이 물러나거든 평소와 같이 다시 자리에 앉고, 만약에 수마가 물러가지 않았거든 바로 땅에 내려와 수십 보를 보행하여 눈이 청명하여지면 다시 자리에 앉아서 천만 번 화두를 돌이켜 보고 언제나 채찍질하여 의심을 일으켜야 한다. 이렇게 오래오래 하다보면 공부가 순하게 익어서 바야흐로 능히 힘이 덜 때가 온다.

몽산화상이 고원상인에게 화두참선하는 방법을 여실하게 주신 말씀으로 화두참선을 할 때 오는 경계를 간절하게 말씀하신 것이다. 처음으로 좌선을 하다보면 화두도 의심이 되지 않고 망상만 떠오르기 일쑤다.

망상을 피우다보면 화두는 들리지 않고 허리도 아프고 다리도 저려서 온몸에 좀이 쑤신다.

좌복 위에 앉자마자 눈꺼풀이 무거워진다. 아무리 화두를 들려고 애를 써도 수마가 눈꺼풀을 천근만근으로 짓누른다. 이럴 때는 긴 호흡과 함께 참구하는 화두를 두세 번 소리 내어 들어본다.

좌선을 하다보면 혼침 아니면 도거다. 혼침은 졸음을 말한 것이고, 도거는 잡념 망상을 말한 것이다. 우리 중생은 무시겁래로 익혀온 버릇 때문에 앉자마자 버릇이 발동을 한다.

앉아 본 사람은 안다. 중생의 업보가 얼마나 무겁고 큰가를 말이다. 또한 자기 내면에서 파도치는 업파業波가 얼마나 크고 무거

운가를 안다. 말이 필요 없는 세계다.

좌선은 혼침・도거와의 싸움이다. 그래서 몽산화상이 혼침과 도거를 첫째로 든 것이다. 화두가 들리지 않고 끊어지면 화두참선이 아니다.

화두참선은 화두가 생명이다. 화두 생각이 간절하면 혼침과 도거도 끼어들지 못한다. 화두 생각이 크고 간절하지 않기 때문에 다른 경계가 끼어든다. 화두가 들리지 않고 망상이나 졸음이 오면 땅바닥에 내려와서 수십 보를 걸으면서 화두를 챙겨야 한다.

좌선의 가장 큰 적은 졸음이다. 시도 때도 없이 끼어드는 것이 수마睡魔다. 걸어서 수마가 물러가고 정신이 들면 또다시 좌복 위에 앉아 화두를 챙겨야 한다.

화두참선은 처음에는 화두 망상 화두 졸음의 연속이다. 조는 시간보다 화두 시간이 많아야 화두참선이다. 망상 피우는 시간보다 화두를 든 시간이 길어야 화두참선이다. 망상이 많고 화두가 적으면 화두참선이 아니다. 잠자는 시간이 많고 화두 든 시간이 적으면 화두참선이 아니다. 화두참선은 화두가 생명이다. 화두가 성성적적하게 들어져야 화두참선이다.

화두참선도 처음에는 억지로 들고 챙겨야 한다. 그래서 참선이 어렵다는 것이다. 화두를 든다는 것은 생각을 화두에 멈춘다는 것이다. 정신을 통일하여 화두 한 생각에 멈추어 몰입하는 것이 화두참선하는 방법이다.

二項 무심으로 챙겨라

做至不用心提話頭. 自然現前時. 境界及身心. 皆不同先己.
夢中亦記得話頭. 如是時. 大悟近矣. 却不得將心待悟. 但靜
中動中. 要工夫無間斷. 自然塵境. 不入. 眞境日增. 漸漸有
破無明力量. 力量充廣. 疑團破. 無明破. 無明破則. 見妙道.

마음을 써서 화두를 들지 않아도 저절로 눈앞에 나타나는
때가 이르면 경계와 몸과 마음이 온통 이전과 같지 아니해
서 꿈속에서도 화두가 기억될 것이니 이와 같은 때에 큰 깨
달음이 가까우리라. 도리어 마음을 가지고 깨달음을 기다리
지도 말고 다만 움직이거나 고요하거나 간에 끊어짐 없이
공부를 해야 한다. 자연히 바깥경계가 들어오지 않고, 참
경계는 날로 증진하여 점차로 무명을 깨뜨릴 힘이 생기게
될 것이다. 역량이 커지면 의심 덩어리가 깨지고 무명이 깨

질 것이다. 무명이 깨지면 미묘한 도를 보게 될 것이다.

🔔 화두를 억지로 들지 않을 때라는 것은 의단疑團이 독로獨露됨을 말한 것이다. 처음에는 화두를 챙기고 들지만 화두 공부가 무르익으면 화두를 들지 아니해도 들어지고 의심하지 아니해도 스스로 의심하게 된다.

이렇게 화두가 순일무잡純一無雜하게 들어질 때는 꿈속에서도 화두가 성성적적하다. 자나 깨나 화두가 성성적적하면 보는 것이 보는 것이 아니고, 듣는 것이 듣는 것이 아니다. 육진경계六塵境界가 화두에 다 녹아난다.

보되 보는 것이 아니고, 자되 자는 것이 아니다. 그저 화두가 성성적적하게 되어 화두가 나이고, 내가 화두가 된다.

이렇게 화두가 순일무잡해지다 보면 '아' 하는 때가 온다. '아' 하는 때는 대오大悟의 때다. 대오는 견성성불見性成佛이다. 견성성불은 마음 불성을 깨달은 것을 말한다. 깨닫고 나면 무명번뇌無明煩惱가 구름 걷히듯 확연하다. 몽산화상은 참 선지식이다. 선사가 수행한 마음 경계를 참 여실하게 설하고 계신다.

三項 화두와 하나가 되어라

夫參禪. 妙在惺惺. 靈利者. 先於公案. 檢點. 有正疑. 却不急
不暖. 提話頭. 密密廻光自看則. 易得大悟. 身心安樂. 若用
急則. 動肉團心. 血氣不調等病生. 非是正路. 但發眞正信心.
眞心中有疑則. 自然話頭現前. 若涉用力擧. 話頭時. 工夫不
得力在. 若動中靜中. 所疑公案. 不散不衝. 話頭不急不緩.
自然現前. 如是之時. 工夫得力. 却要護持此箇念頭. 常常相
續. 於座中. 更加定力. 相資爲妙. 忽然築着磕着. 心路一斷.
便有大悟. 悟了. 更問悟後事件.

무릇 참선의 묘는 또렷또렷함에 있다. 영리한 자는 먼저 공
안을 챙겨서 바른 의심이 있거든 도리어 조급하지도 않고
느슨하지도 않게 화두를 들어 정밀하게 광명을 돌이켜 스스
로 살펴보아라. 그렇게 하면 쉽게 깨달음을 얻어 몸과 마음

이 안락해질 것이다. 만약 마음 씀이 조급하면 심장이 흔들려 혈기가 고르지 못하는 따위의 병통이 생겨날 것이니 이것은 바른 길이 아니다. 다만 진정한 신심을 내어서 참마음 가운데서 의심이 있으면 자연히 화두가 눈앞에 나타날 것이다. 만약 마음을 억지로 써서 화두를 든다면 공부가 힘을 얻지 못할 것이다. 움직이거나 고요하거나 간에 의심하는 공안이 흩어지지도 않고 뻗지르지도 않으며, 화두가 조급하지도 않고 느슨하지도 않아서 자연히 눈앞에 나타나면 이와 같은 때라야 공부가 힘을 얻게 될 것이다. 이 경계를 보호하고 지켜서 언제나 이어지게 하되 좌선 중에 다시 선정의 힘을 보태서 서로 돕는 데에 묘가 있다. 홀연히 맷돌 맞듯이 맷돌 맞듯이 마음 갈 길이 한 번 끊어지면 이내 크게 깨닫게 될 것이니 깨닫고 나서 다시 깨달은 뒤에 일을 물어라.

참선하는 사람은 화두가 우선 성성하게 들려야 한다. 성성하지 못하면 잠에 빠지고 만다. 성성은 또렷이 깨어 있음을 말한다. 또렷하게 화두가 들렸을 때가 화두참선이 잘되고 있는 중후다. 화두가 성성적적하면 몸과 마음이 편안하고 안락해진다. 머리도 맑고 마음도 맑고 편안히 평정된 최고의 상태가 된다.

그렇지 못하고 마음을 조급하게 가져 신심이 긴장되어 들떠 있으면 심장 박동이 쿵쾅쿵쾅 뛰어 상초로 상기上氣가 된다. 상기가 되면 머리가 무겁고 열이 나서 상초에 병病이 들게 된다.

화두참선은 몸과 마음을 편안하게 한 후에 해야 한다. 너무 조급심을 낼 것도 없고 그렇다고 너무 느려져도 안 된다. 모든 것이 다 중도中道다. 과불급過不及을 잘 조절하는 것이 참선하는 마음 자세다.

화두참선은 마음에 평정을 얻는 것이다. 화두로 인하여 대오大悟의 길로 가는 것이 화두참선의 본 면목이다. 너무 조급하지도 말고 너무 나태하지도 말며, 마음을 편안히 하여 천 생각 만 생각도 화두 위에 올려놓고 가만히 자기 본래 면목을 주시해야 한다. 그러다 보면 댓돌 맷돌 맞듯 힘들이지 않고 척척 화두삼매에 빠질 것이다.

화두삼매는 화두가 나이고, 내가 화두가 되는 경계다. 화두와 내가 둘이 아닐 때가 좋은 소식이 온 때다. 좋은 소식은 돈오頓悟의 때다. 돈오는 견성성불見性成佛이다. 화두의 궁극窮極은 견성성불에 있다.

第四節

蒙山和尚 示覺圓上人

一項 조사관을 뚫어라

參禪須透祖師關. 妙悟. 要窮心路絶. 祖關不透. 心路不絶.
盡是依草附木精靈. 僧問趙州. 狗子還有佛性也無. 州云無.
只者箇無字. 是宗門一關. 有心透不得. 無心透不得. 惺惺靈
利. 直下掀 翻. 捉敗趙州. 還我話頭來. 若有一毫末. 且居門
外. 覺圓上座. 覺也未. 妙覺圓明. 當識趙州. 是何面目. 道箇
無字意. 作魔生. 蠢動含靈. 皆有佛性. 趙州因甚道無. 畢竟
者箇無字. 落在甚處.

몽산화상이 각원상인에게 주신 말씀이다.
참선은 모름지기 조사관을 뚫어야 함이니라. 묘오는 마음
갈 길이 끊어져야 한다. 조사관을 사무치지 못하고 마음 길
이 끊어지지 못하면 다 이것은 풀에 의지하고 나무에 붙은
정령일 따름이다. 어떤 중이 조주에게 묻되 개에게도 불성

이 있습니까? 없습니까? 하니 조주가 이르기를 없다고 하였으니 다만 이 무자無字는 종문의 한 관문이다. 이것은 유심有心으로도 뚫을 수가 없고, 무심無心으로도 뚫을 수가 없다. 깨어 있는 영리한 사람은 곧바로 뒤집어 조주를 잡아서 나에게 화두를 가져오라. 만약 털끝만큼이라도 있다고 한다면 아직 문 밖에 있는 것이다. 각원상좌는 아느냐 모르느냐. 묘각이 원만히 밝다면 마땅히 조주가 이 무슨 면목인가를 알아야 한다. 없다고 한 뜻은 무엇인가. 꿈틀거리는 중생이 다 불성이 있다고 하거늘 조주는 어찌하여 없다고 하였는가. 필경 없다고 한 뜻이 어디에 있는가.

몽산화상이 각원상인에게 화두참선 법을 간절하게 일러 가르침을 주신 말씀이다.

선지식은 이렇게 간절하게 후학을 제접하셨다. 화두참선은 1,700 공안이 다 관문이다. 열고 들어가야 할 관문 중의 관문이다. 조주무자도 조사 관문이다. 조주무자를 투과하면 1,700 공안이 다 타파된다. 관문 중의 관문이 조주무자다.

몽산화상은 각원상인에게 조주무자 화두를 주고 참구하라고 하셨다. 조주무자는 어떤 중이 묻기를 "개에게도 불성이 있습니까? 없습니까?" 하니 조주 선사가 "무無"라고 대답하셨다. 꿈틀거리는 모든 생명이 다 불성이 있는데 조주스님은 어째서 없다고 했는가가 무자無字 화두의 의심처다. 조주무자는 종문宗門의 관문이다. 이 관문을 뚫으면 조사 안목이 열린다.

　조주무자는 유심有心으로도 무심無心으로도 뚫을 수가 없다. 조주무자는 유무有無를 떠나야 한다. 있다 없다로 따지면 아직은 종문 밖의 소견이다. 조주선사가 무라고 한 말 속에 말을 찾는 것이 화두참선의 진면목이다.

二項 화두를 드는 법

本覺未明. 一一有疑. 大疑則有大悟. 却不得將心待悟. 又不
得以意求悟. 不得作有無會. 不得作虛無會. 不得作鐵掃箒
用. 不得作繫驢橛用. 從敎疑團. 日盛. 於二六時中. 四威儀
內. 單單提箇無字. 蜜蜜廻光自看. 看來看去. 疑去疑來. 百
無滋味時. 有些滋味. 却不可生煩惱.

본각을 밝히지 못하면 낱낱이 의심이 생길 것이니 크게 의
심하면 곧 크게 깨달음이 있을 것이다. 미혹한 채 깨달아지
기를 기다리지도 말고, 또한 의식으로써 깨달음을 구하지도
말며, 또한 있다느니 없다느니 하는 알음알이를 짓지도 말
고, 쇠로 만든 빗자루라는 생각도 짓지 말며, 나귀 매는 말
뚝이라는 생각도 짓지 말라. 의심 덩어리가 날로 치성하여
하루 24시간 네 가지 위의 안에 외곬으로 이 무자 화두를

들되 정밀하게 광명을 돌이켜 스스로 살펴보아라. 보아 오고 보아 가며, 의심하여 오고 의심하여 가되 도무지 재미가 없는 때에 조금 재미가 있을 것이다. 번뇌심을 일으키지 말라.

　　몽산화상이 이 문단에서는 무자화두를 드는 방법을 말씀하셨다. 본각은 마음 불성을 말한 것이다.

마음을 깨닫지 못하면 모든 것이 다 의심이다. 하나도 아는 것이 없다. 자기가 자기를 모르는데 아는 것이 무엇이 있겠는가. 아는 것 없이 막연히 깨달음을 기다려서도 안 된다.

그렇다고 의식적으로 깨달으려고 해도 안 된다. 있다 없다 생각으로 깨달음을 얻으려고 해서는 더욱 안 된다.

조주가 무라고 했으니 무자無字는 없다는 무無일 것이라는 생각도 해서는 안 된다. 무자는 천년만년을 가도 없어지지 않으니 그것은 쇠빗자루라고 생각해서도 안 된다.

조주무자는 나귀 매는 쇠말뚝이라는 생각으로 무자를 들어도 안 된다. 무자는 생각으로 알고 찾는 것이 아니다. 그저 천 생각 만 생각 위에 무無할 뿐이다.

몽산화상은 무자화두의 병통을 설한 것이다. 화두는 의심이다. 의심은 생각으로 푸는 것이 아니다. 의심 덩어리를 크게 키우는 것이 화두참선의 묘미다.

온 생각이 의심화두로 똘똘 뭉쳐야 한다. 화두참선을 하는 사람이 천 생각 만 생각이면 화두참선이 아니다. 화두 한 생각으로 똘똘 뭉쳐야 한다. 화두와 하나가 되어야 한다. 자나 깨나 앉으나 서나 화두 한 생각뿐이어야 한다. 화두 생각이 천년만년이다.

온 세상이 화두 하나로 뭉쳐야 한다. 화두가 이렇게 되면 재미라고는 하나도 없다. 재미없는 가운데 무재미가 공부가 좀 되어간다고 보는 것이 화두참선 법이다.

이런 경계를 맛보아야 참선 좀 했다고 한다. 그렇지도 못했으면 화두참선을 논하지도 말라. 조주선사가 웃는다.

三項 화두만 챙겨라

疑得重. 話頭不提. 自然現前. 却不得歡喜. 濃淡任他. 直如
老鼠咬棺材. 只管提箇. 無字看. 若於座中得妙. 定力資. 正
好提撕. 但不用着力. 爲妙. 若着力提撕則. 解散定境. 能善
用心. 忽然入得定時. 却不可貪定而. 忘話頭. 若忘却話頭則.
落空去. 無有妙悟. 起定時. 亦要保護定力. 於動靜中一如.
昏沈掉擧悉絶. 亦莫生歡喜心. 忽然団地一聲. 透過趙州關
己. 一一下語諦當. 箭箭拄鋒. 勘破趙州得人憎處. 法法圓通.
差別機緣. 一一明了. 正要求悟後生涯. 若不然. 如何得成法
器. 宜觀先聖標格. 切忌杜撰會麿.

의심이 깊어지면 화두를 들지 않아도 자연히 눈앞에 나타날
것이다. 그렇다고 환희심을 내지도 말고 잘되든 안 되든 내
버려 두고 마치 늙은 쥐가 관짝을 쏠듯이 다만 이 무자화두

를 들어서 살펴보아라. 만약 좌선 중에 미묘한 선정의 힘을 얻거든 바로 화두를 붙들어야 한다. 다만 용을 쓰지 않고 하는데 묘가 있으므로 만약 용을 써서 붙들게 되면 이내 선정의 경계가 흩어지게 될 것이다. 능히 마음을 잘 써서 홀연히 선정에 들게 될 때는 선정에 맛들여 화두를 잊지 말아야 한다. 만약 화두를 잊어버리면 허무에 떨어져 미묘한 깨달음을 얻지 못하게 될 것이다. 선정에서 일어날 때에도 선정의 힘을 보호해야 하며, 움직이거나 고요하거나 간에 한결같아서 혼침이나 도거가 몽땅 끊어져도 환희심을 내지 마라. 홀연히 확 하는 한 소리에 조주의 관문을 뚫게 되면 하는 말마다 이치에 맞아서 화살촉이 맞듯이 조주가 사람들에게 미움을 받는 곳을 간파하고 법마다 원만히 통달하여 차별 기연을 낱낱이 알게 될 것이니 바로 깨달은 뒤의 생애를 구하여야 한다. 만약 그렇지 못하면 어떻게 법기를 이룰 수 있겠는가. 마땅히 옛 성현들의 본보기를 잘 살펴보아야 한다. 절대로 두찬(맞지 않는 것)해서는 안 된다. 알겠는가.

화두참선을 하다보면 처음에는 화두(의심 덩어리)를 챙겨야 한다. 그러나 의심이 깊어져 화두 생각이 크면 클수록 화두를 억지로 챙기지 않아도 자연스럽게 화두 생각에 젖는다.

화두가 들지 않아도 들어진다고 환희심을 내서는 안 된다. 기뻐하는 그것이 틈이 생긴다. 쥐가 관짝을 쏠듯이 그저 무심하게 무자를 관해야 한다. 힘이 생겨서 백날 천날이 하루 같을 때가 있다. 이럴 때는 선정이 흩어지지 않게 무심하게 무자화두를 더욱 관하라.

이때 마음을 쓰면 선정이 흩어진다. 조주무자를 뚫어야만 참선의 의미가 있다. 조주무자 관문을 뚫지 못하면 화두참선이 아니다. 1,700 공안 중 조주무자가 첫 관문이다.

자나 깨나 성성적적 화두삼매로 똘똘 뭉쳐야 한다. 뭉치다보면 '아' 하는 때가 있다. '아' 하는 때는 돈오頓悟하는 때다. 돈오는 견성성불見性成佛이다. 마음 부처를 보고 나면 제불조사의 안목을 갖추게 된다.

조사 안목을 갖춰야 일언일행一言一行이 그대로가 법이다. 설익은 안목으로 잘못 말하지 말라. 두찬杜撰은 틀린 것이 많고 전거가 정확하지 않는 것을 말한 것이다. 몽산화상 자비심이 철철 넘치는 가르침이다. 앉아보면 안다. 몽산화상이 말씀하신 것이 하나도 틀린 것이 없다는 것을 스스로 알게 될 것이다.

第五節

禪警語（博山無異禪師說）

一項 생사심을 깨뜨려라

做工夫. 最初要箇破生死心. 堅硬看破. 世界身心. 悉是假緣. 無實主宰. 若不發明本具底大理則. 生死心不破. 生死心既不破. 無常殺鬼. 念念不停. 却如何排遣. 將此一念. 作箇鼓門瓦子. 如坐在熱. 火焰中救出相似. 亂行一步不得. 停止一步不得. 別生一念不得. 望別人救不得. 當恁麼時. 只須不顧猛火. 不顧身命. 不望人求. 不生別念. 不肯暫止. 往前直奔. 奔得出是好手.

선경어(박산무이선사 말씀).

공부를 하되 가장 먼저 생사심을 깨뜨려야 한다. 바깥 세계와 몸과 마음이 모두 거짓인연을 실제로 주재 없는 줄 간파할지니라. 만약 본래 갖추어져 있는 큰 이치를 밝히지 못하면 생사심을 깨뜨리지 못한다. 생사심을 깨뜨리지 못하면 죽음을 재촉하는 귀신이 생각생각에 멈추지 않으니 이것을 어떻게 따돌리겠는가. 오직 이 한 생각을 가져 고문와자(방편)를 삼아서 마치 뜨겁게 타오르는 불길 속에서 살길을 찾듯이 해야 한다. 한 걸음도 함부로 행할 수 없고, 한 걸음도 멈출 수가 없고, 다른 생각을 할 수도 없고, 다른 사람에게 도움을 청할 수도 없다. 이러한 때를 당해서 사나운 불길도 돌아보지 말고, 목숨도 돌아보지 말고, 다른 사람의 도움도 바라지 말고, 다른 생각을 하지도 말고, 잠시 멈추려 하지도 말고, 곧장 앞으로 내달아 뛰쳐나온 길만이 묘수이다.

《선경어》는 박산무이선사가 참선할 때 생길 수 있는 병통과 대치하는 방법을 참선하는 자를 위해서 말씀하신 경책법문이다. 박산무이선사는 명대明代 때 스님이다. 이 원문은 경허성우선사鏡虛惺牛禪師가 편집한 것을 금정산金井山 범어사梵魚寺에서 1968년 4월 1일 발행한 《선문촬요禪門撮要》에서 발췌하였다.

참선은 발심 수행자가 하는 것이다. 아무나 앉아 있는다고 다 참선은 아니다.

첫째가 발심을 해야 한다. 발심하지 않으면 수행할 마음이 없기 때문이다. 박산무이선사는 첫째가 생사심生死心을 깨뜨리라고 했다. 생사심은 분별망상分別妄想 번뇌심이다.

분별망상으로는 참선을 할 수가 없다. 한 생각 일어나고 한 생각 멸하는 것이 생사生死다. 일어나고 멸하는 마음의 파도를 잠재우는 것이 참선이다.

참선은 무상無常을 절감해야만 할 수가 있다. 이 몸뚱이가 천년 만년 살 것 같지만 한평생도 눈 깜짝할 사이다.

몸과 마음은 거짓 허깨비다. 물거품 같은 것이 우리 인생의 생이다. 이렇게 무상함을 절감하고 통감해야만 발심수행發心修行을 할 수가 있다.

공부는 누가 대신 해줄 수 있는 것이 아니다. 자기 공부는 자기가 해야 한다. 남이 대신 해줄 수 있는 것이 아니다. 자증자오自證自悟다. 깨달은 것도 자기요 깨칠 자도 자기다. 그래서 불교는 자력종교自力宗教다. 남이 대신 할 수 없는 것이 우리 인생살이다. 덤으로 사는 것이 아니다. 당당하게 우주의 주체가 바로 자기다.

二項 의심을 가져라

做工夫. 貴在起疑情. 何謂疑情. 如生不知何來. 不得不疑來處. 死不知去處. 不得不疑去處. 生死關竅. 不破則疑情頓發. 結在眉睫上. 放亦不下. 趁亦不去. 忽然一朝. 撲破疑團. 生死二子. 是甚麼. 閑家具噁.

공부를 하되 의심을 일으키는 것이 중요하다. 무엇을 의정(의심)이라고 하는가. 태어나도 어디서 왔는지 알지 못하면 온 곳을 의심하지 않을 수 없고, 죽되 어느 곳으로 가는지 알지 못하면 어디로 가는지 모르니 가는 곳을 의심하지 아니할 수 없다. 나고 죽는 관문을 타파하지 못하면 의심이 몰록 날 것이니 눈썹 위에 맺혀 놓아버리려 해도 버릴 수가 없으며, 쫓으려 해도 쫓을 수가 없다. 홀연히 하루아침에 의심 덩어리를 깨뜨리면 나고 죽는 것이 무엇인가 다 부질

없는 것이다.

　　화두참선의 생명은 의심이다. 의심하지 않는 화두참선은
참선이 아니다.

　의심이 없는 것은 깨친 자가 아니면 바보 천치이기 때문이다.
모르면 다 의심이다. 사는 것도 의심이고, 죽는 것도 의심이다.
살되 사는 것을 모르니 아는 것이 아니다.

　죽되 죽어 가는 곳을 모르니 죽는 것도 의심 덩어리다. 모르면
의심이 생긴다. 알기 전에는 모든 것이 다 의심 덩어리다. 화두참
선은 의심이 생명이다. 자나 깨나 의심이다.

　태어나는 곳은 어디며, 죽어 가는 곳은 어디인가. 태어났으나
태어난 곳을 모르니 그것이 생生에 대한 의심이다. 죽으나 죽어
가는 곳을 모르니 그것이 사死에 대한 의심이다. 생의사의生疑死疑
가 화두참선의 관문이다. 이 관문을 타파해야만 한다.

　모르면 모든 것이 다 화두가 될 수 있다. 1,700 공안만이 화두
가 아니다. 처처가 화두다. 화두는 모르는 데서 시작이다. 모르면
알려고 의심해야 된다.

三項 고요한 곳을 좋아하지 마라

做工夫. 最怕耽着靜境. 使人. 困于枯寂. 不覺不知. 動境.
人多厭. 情境. 人多不厭. 良以行人. 一向處乎喧鬧之場. 一
與靜境相應. 如食飴密. 如人儀久喜睡. 安得自知耶.

공부를 하되 가장 고요한 곳을 탐착하는 것을 두려워해야
한다. 사람들이 공부한 경계는 자기도 모르는 사이에 말라
죽는 듯한 적막 속에 갇히고 만다. 사람들은 시끄러운 경계
는 싫어하고 고요한 경계는 사람마다 다 싫어하지 않는다.
진실로 수행하는 사람이 분주한 곳에 있다가 한번 고요한
경계를 만나게 되면 마치 엿이나 꿀을 먹는 것 같고 마치
오랜 피로 끝에 단잠을 즐기는 것 같으니 어찌 스스로 알
수가 있겠는가.

이 장에서는 장소 문제를 논한 것이다. 참선하는 사람은 장소에 상관하지 말고 공부에 힘쓰라는 말씀이다.

초참자는 고요한 곳을 찾는다. 그러나 장소가 조용한 곳이라고 해서 공부가 잘되는 것은 아니다.

마음공부는 마음의 평정을 얻는 것이다. 마음의 안락을 얻으면 시끄러운 곳이라고 해도 시끄러운 곳이 아니다.

장소만 찾는 수행자는 장소에 따라 마음이 평정을 잃기 때문에 참선공부는 마음의 평정을 얻는 것이 중요하다. 화두참선은 화두삼매에 몰입하는 것이 수행의 척도다. 화두가 하나로 들리지 않으면 고요한 곳도 고요한 곳이 아니다. 화두참선은 장소와는 상관없는 일이다.

화두와 하나가 되는 것이 중요하다. 화두와 하나가 되면 장소와는 상관이 없다. 시끄러운 것이 시끄러운 것이 아니다. 육진경계六塵境界에 마음이 흔들리지 않기 때문이다.

四項 인정에 휩쓸리지 마라

做工夫. 要中正勁挺. 不近人情. 苟循情應對則. 工夫做不上.
不但工夫. 做不上. 日久月深. 必隨流俗. 阿師無疑也.

공부를 하되 마음을 바르고 굳세고 곧게 가져 인정을 가까
이 하지 말아야 한다. 인정에 따라다니다 보면 공부가 향상
되지 못한다. 공부가 향상되지 못할 뿐만 아니라 날이 가고
달이 가면 반드시 속된 중의 축에 휩쓸리게 될 것이 틀림없
다.

참선은 마음 발심이 우선이다. 금생에 일대사 인연을 다
마치겠다는 굳은 결심이 있어야 한다. 그런 마음 자세가 없이 세
상 물정에 끄달리다 보면 남는 것은 속된 중이 되고 만다. 밥그릇
숫자로만은 큰 수행자가 될 수 없다. 선지식은 깨달은 자다. 깨달

지 못한 참선은 시간 때우기 참선이다. 참선은 깨닫기 위해서다. 앉으나 서나 화두가 생명 줄이다. 화두를 놓아 버리는 것은 생명 줄을 놓는 것과 같다. 화두참선은 화두가 생명이다.

五項 화두와 하나가 되어라

做工夫人. 擡頭不見天. 低頭不見地. 看山不是山. 見水不是水. 行不知行. 坐不知坐. 千人萬人之中. 不見有一人. 通身內外. 只是一箇疑團. 疑團不破. 誓不休心. 此爲工夫緊要也.

공부하는 사람은 고개를 쳐들어도 하늘을 보지 못하고 고개를 숙여도 땅을 보지 못하며, 산을 보아도 산이 아니요 물을 보아도 물을 보는 것이 아니다. 가도 가는 줄 모르고 앉아도 앉은 줄 모르며, 천 사람 만 사람 가운데도 한 사람도 보지 못한다. 온몸과 안팎이 오직 하나의 의심 덩어리니 의심 덩어리를 깨뜨리지 못하면 맹세코 마음을 쉬지 말라. 이것이 공부하는데 가장 요긴한 것이다.

화두참선은 이 지경이 되도록 해야 한다. 화두와 하나가 되어서 보라. 보는 것이 아니다. 듣되 듣는 것이 없다.

온몸과 마음이 화두 하나다. 화두참선은 이 정도로 화두가 독로獨露되어야 공부가 되어 간다고 할 수가 있다. 보면 보는데 빠지고 들으면 들은데 집착하면 그것은 화두참선이 아니다.

화두가 성성적적 들지 아니해도 들리고 챙기지 않아도 챙겨질 때 오매일여寤寐一如 숙면일여熟眠一如가 되는 것이다. 화두가 하나로 일여一如해지면 간단이 없다. 간단(틈)이 없으면 생사가 없다. 생사가 없으니 일념一念이 만년萬年이다. 이것이 화두참선의 궁극은 아니다. 착각하지 마라. 아직은 멀었다.

'아' 하는 때까지는 가야 한다. '아' 하는 때는 깨달은 때다. 깨달음은 돈오頓悟다. 돈오는 견성성불見性成佛이다. 화두참선하신 역대 조사님들이 다 겪으신 경계다. 노력하고 노력하라.

六項 죽는 것을 두려워 마라

做工夫. 不怕死不得活. 只怕活不得死. 果與疑情. 厮結在一處動境. 不待遣而自遣. 妄心. 不待淨而自淨. 六根門頭. 自然虛豁豁時. 點着卽到. 呼着卽應. 何愁不活也.

공부를 하되 죽고 살지 못할까. 두려워 말고 오직 살고 죽지 못할까. 두려워해야 한다. 결단코 의정과 함께 한 곳에 매어 두기만 하면 시끄러운 경계는 굳어버리게 하지 않아도 스스로 버려지고, 허망한 마음은 굳이 맑히지 않아도 스스로 맑아진다. 육근의 문턱이 자연히 텅 비고 넓어져 손짓하면 곧 오고, 부르면 대답하거늘 어찌 죽을까 걱정하리오.

🔔 화두참선은 화두가 얼마만큼 잘 들리느냐에 따라 성패가 달렸다. 챙기는 화두는 틈이 있는 참선이다.

화두는 챙겨서 될 일이 아니다. 화두는 의심이 생명이다. 의심이 없는 화두는 들으나마나다. 의심으로 똘똘 뭉쳐야 한다.

의심이 가지 않으면 화두 따로 사람 따로다. 참선은 하나로 뭉치는 작업이다. 천 생각 만 생각을 화두 의심 하나에 올려놓고 의심하고 의심해서 하루가 어떻게 가는지 한 달이 어떻게 가는지 모르고 화두 하나에 몰입해야 한다. 몰입이 없는 참선은 하나마나다.

화두참선은 몰입참선이다. 화두 하나에 몰입이 되면 죽고 사는 것에 신경 쓸 여가가 없다.

잡념 망상도 억지로 제하려고 할 필요가 없다. 화두는 의단이다. 모르니까 의심할 수밖에 없다. 알면 의심할 필요가 없다. 오직 무자화두無字話頭면 어째서 무無라고 하였는가 하고 의심하고 의심할 뿐이다.

화두에 생각을 붙이면 안 된다. 생각은 화두가 아니다. 생각은 허망한 망상이다. 참선은 망상이 아니다. 참선은 천 생각 만 생각을 화두 하나에 매어 두고 몰입하는 것이다.

몰입하고 몰입하다 보면 '아' 하는 때가 온다. '아' 하는 때는 부처님의 견명성오도見明星悟道와 같은 것이다. 생사문제生死問題도 그렇고 육식六識의 식파識波도 놓아두고 무자화두에 몰입하라. 몰입하는 것이 화두참선이다.

七項 고양이가 쥐 잡듯이 하라

做工夫. 擧起話頭時. 要歷歷明明. 如猫捕鼠相似. 古所謂不斬鱁奴. 誓不休. 不然則坐在鬼窟裡. 昏昏沈沈. 過了一生. 有何利益. 猫捕鼠睁開兩眼. 四脚撐撐. 只要拿鼠到口. 始得. 縱有鷄犬在傍. 亦不暇顧. 參禪者. 亦復如是. 只是憤然. 要明此理. 縱八境. 交錯于前. 亦不暇顧. 纔有別念. 非但鼠. 兼走却猫兒.

공부를 하되 화두를 들 때는 또렷또렷하고 분명히 해야 함이니 고양이가 쥐 잡을 때와 같이 해야 한다. 옛사람이 말씀하시기를 적군의 목을 베지 못하면 맹세코 쉬지 않겠다 하셨으니 그렇게 하지 않으면 귀신 굴 속에 앉아 있어서 흐리멍덩하게 일생을 보내고 말 것이므로 무슨 이익이 있겠는가? 고양이가 쥐를 잡을 때는 두 눈을 딱 부릅뜨고 네 다리를 딱 버티면서 다만 쥐를 잡아 입에 넣고야 만다. 설사 닭이나 개가 곁에 있더라도 돌아볼 겨를이 없다. 참선하는 사람도 또한 이와 같아서 다만 분연히 이 이치를 밝혀야 한다. 설사 팔경계가 눈앞에 엇갈리더라도 돌아볼 겨를이 없다. 자칫 딴생각이 일어나면 쥐는커녕 고양이마저 달아나 버릴 것이다.

이 장에서는 참선하는 방법을 말해 놓은 것이다. 참선은 첫째가 간절하게 해야 한다. 간절함은 절실함에서 나온다.

배고픈 고양이가 쥐를 잡듯이 절실하게 해야 한다. 배고픈 고양이가 쥐구멍을 쳐다보듯이 눈을 부릅뜨고, 발은 바로 먹이를 낚아채듯 버티고 있듯이 화두참선도 정신을 똘똘 뭉쳐서 화두에 몰입해야 한다. 화두참선은 몰입이 생명이다. 화두에 의심이 생기면 자연히 몰입하게 된다.

고양이가 쥐구멍을 쳐다보듯이 요지부동이다. 곁에 닭이 와도 돌아볼 겨를이 없다. 의단이 독로獨露된 참선 자는 팔풍경계에 동하지 않는다. 그 당당함이 태산준령과 같다. 요지부동이다. 안구부동眼球不動이다.

八項 공안을 따지지 마라

做工夫. 不可在古人公案上. 卜度. 妄加解釋. 縱一一領略得
過. 與自己沒交涉. 殊不知古人一語一言. 如大火聚近之不得.
觸之不得. 何況坐臥其中耶. 更于其中. 分大分小. 論上論下.
不喪身失命者. 幾希.

공부를 하되 옛 스님들의 공안을 헤아려 망령되게 해석해서
는 안 된다. 설사 하나하나를 풀이하여 이해한다 하더라도
자기 공부와는 아무런 상관이 없다. 다만 그런 사람은 옛
스님들의 한 말씀 한 말씀이 마치 큰 불덩어리와 같음을 알
지 못한다. 가까이 할 수도 없고 만질 수도 없거늘 하물며
어찌 그 속에 앉고 눕고 하겠는가. 다시 그 속에서 크다 작
다 분별하고, 위다 아래다 따진다면 목숨을 잃지 않을 자
거의 없을 것이다.

화두공안은 생각이나 논리로 푸는 것이 아니다. 화두는 참구하는 것이지 생각으로 꿰어 맞추는 것이 아니다.

화두참선은 몰입하기 위한 도구다. 천 생각 만 생각을 화두공안에 매어 두기 위해서 만든 참구 방편이다.

화두에 해석을 붙이는 것은 절대 금물이다. 화두는 깨닫기 위한 도구다. 몰입하기 위한 도구다. 그것을 사량계교로 따지고 쪼갠다면 화두는 의미가 없다. 화두는 의심하는 것이지 따지는 것이 아니다.

화두참선 하는 자는 바로 이 점을 알아야 한다. 설익은 지식으로 사량계교 해봐야 공부에는 덕 될 것이 하나도 없다.

명심하고 명심할 일이다. 참구하는 화두가 본래면목本來面目이면 어떤 것이 나의 본래면목인가 하고 의심하고 의심해야 한다. 의심을 크게 키우는 것이 화두참선의 공부다. 명심할 일이다.

九項 문자나 말 속에 도가 있지 않다

做工夫. 不可尋文逐句. 記言記語. 不但無益. 與工夫作障礙.
眞實工夫. 返成緣慮. 欲得心行處絶. 豈可得乎.

공부를 하되 문구나 찾아 좇으려 하지 말고 언어나 기억하
려 하지 말라. 다만 아무 이익도 없을 뿐만 아니라 공부하
는데 장애가 되어 진실한 공부가 도리어 알음알이로 이루어
져서 마음의 자취를 끊고자 해도 어찌 그리됨을 얻겠는가.

참선공부는 마음공부다. 마음공부를 문자나 언어로 따져
본들 아무 이익이 없을 것이다. 문자는 문자일 뿐이며, 말도 말일
뿐이다. 마음을 마음이라고 말이나 문자로 표현한다고 해도 마음
과는 아무런 상관이 없다.
　　문자나 언어는 표현하기 위한 도구다. 문자나 언어에 실체가

있는 것이 아니다. 실체가 있다고 생각하는 것이 착각이고 잘못
이다. 참선은 깨치는 것이지 따지고 쪼개는 것이 아니다. 쪼개면
쪼갤수록 참선하는데 장애가 될 뿐이다. 화두참선은 의심이 생명
이다. 의심하지 않는 화두참선은 참선이 아니다.

十項 공부를 짐작으로 하지 마라

做工夫. 最怕比量. 將心湊泊. 與道轉遠. 做到彌勒下生去. 管取沒交涉. 若是疑情頓發的漢子. 如坐在鐵壁銀山之中. 只要得箇活路. 不得箇活路. 如何得安穩去. 但恁麼做去. 時節到來. 自有箇倒斷. 黃檗禪師云. 塵勞迥脫. 事非常. 緊把繩頭做一場. 不是一翻寒徹骨. 爭得梅花撲鼻香. 此語最親切. 若將此偈. 時時警策. 工夫自然得上.

공부를 하되 견주어 헤아리는 것을 두려워해야 한다. 마음을 가지고 접근하려 하면 도와는 더욱 멀어지게 되리니 미륵이 하생할 때까지 공부를 할지라도 아무런 상관이 없을 것이다. 만약 의정이 문득 일어난 사람이라면 마치 철벽이나 은산 속에 앉아 있는 것 같아서 활로를 찾아야 할 것이다. 만약 살길을 찾지 못하면 어떻게 안온하게 지낼 수 있겠는가. 다만 이와 같이 해 나가면 시절이 도래하여 저절로 끝장을 내게 될 것이다. 황벽선사가 말하기를 번뇌에서 벗어나는 것은 예삿일이 아니니 고삐를 바짝 당겨서 한바탕 공부를 지어라. 한차례 추위가 뼈 속에 사무치지 않으면 매화 향기가 어찌 코를 찌르랴 했다. 이 말씀이 가장 친절한 말씀이니 만약 이 게송을 가져서 스스로 채찍질하면 공부가 저절로 향상될 것이다.

참선공부는 사량계교로도 안 되지만 짐작으로 견주어서는 더욱 안 된다. 짐작은 짐작일 뿐이다. 참선은 마음을 깨닫기 위함이다. 깨달음의 경계는 짐작으로는 통하지 않는다. 눈금 짐작으로 따져 봐야 도와는 구만팔천 리다. 그렇게 공부를 해서는 미륵 부처님이 하생할 때까지 공부를 한다고 해도 성불 할 수가 없다. 화두참선은 의심을 키우는 공부다. 화두를 참구하나 의심이 가지 않으면 그것이 큰 문제다. 화두공부는 의심이 크면 클수록 좋다. 의심이 크면 다른 생각이 들어올 틈이 없다. 의심으로 똘똘 뭉쳐질 때 깨달음은 가까워진다.

의심이 없는 화두참선은 허송세월이다. 화두가 마삼근麻三斤이면 마삼근으로 온 생각이 뭉쳐져야 한다. 마삼근 따로 생각 따로면 화두참선이 아니다. 삼세근 속에 온 마음이 하나가 되어야 한다.

삼세근이 나이고 내가 삼세근이 되어야 화두참선이다. 이렇게 화두공부가 무르익다 보면 대나무에 기왓장 부딪칠 때 '아' 하는 때가 온다. '아' 하는 때가 돈오頓悟하는 때다. 돈오는 견성성불見性成佛이다. 그때까지는 죽자 살자 화두 하나에 매달려야 한다.

十一項 간절한 마음으로 공부하라

做工夫. 最要緊. 是箇切字. 切字最有力. 不切則懈怠生. 懈
怠生則. 放逸縱意. 靡所不至. 若用心眞切. 放逸懈怠. 何繇
得生. 當知. 切之一字. 不愁不到古人田地. 不愁生死不破.
切之一字. 當下超善惡無記三性. 用心甚切則不思善. 用心甚
切則不思惡. 用心甚切則不落無記. 話頭切. 無掉擧. 話頭切.
無昏沈. 切之一字. 是最親切句. 用心親切則. 無間隙故. 魔
不能入. 用心親切. 不生計度有無等. 則不落外道.

공부를 하되 가장 요긴한 것은 간절절자이니 절자가 가장
힘이 있다. 간절하지 않으면 게으름이 생기고 게으름이 생
기면 방종하여 못할 짓이 없다. 마음가짐이 참으로 간절하
다면 방종과 게으름이 어떻게 생겨날 수가 있겠는가. 그러
므로 마땅히 알라. 간절절자 한 자는 옛사람들의 경지에 이

르지 못할 것도 없고 생사를 깨뜨리지 못할까 걱정할 필요도 없다. 간절절자 한 자는 당장에 선악무기의 삼성을 뛰어넘을 수가 있다. 마음가짐이 아주 간절하면 선도 생각하지 않을 것이고, 마음가짐이 아주 간절하면 악도 생각하지 않을 것이며, 마음가짐이 아주 간절하면 무기에도 떨어지지 않을 것이다. 화두가 간절하면 도거도 없을 것이며, 화두가 간절하면 혼침도 없을 것이다. 간절절자 하나가 가장 간절한 말이니 마음가짐이 간절하면 틈이 없으므로 마장이 끼어들지 못하고, 마음가짐이 간절하면 있다느니 없다느니 하는 따위의 분별을 일으키지 않으므로 외도에 떨어지지 않는다.

참선뿐 아니라 수행자는 모든 면에서 마음가짐을 철저하게 하면서 간절하고 절실하게 해야 한다. 간절하다고 하는 것은 마음이 정성을 다 쏟는 것을 말한다.

매사가 다 절실하고 간절해야 한다. 간절함이 빠진 수행자세는 혼 없는 허수아비와 같다. 모양은 사람 모양이지만 허수아비는 허수아비다.

승복만 입었다고 다 수행자는 아니다. 예나 지금이나 수행에 있어서 첫째 마음자세는 간절함에 있다. 목마른 자가 물을 찾듯이 간절해야 한다. 배고픈 자가 밥을 찾듯이 절실하고 간절해야 한다.

참선한다고 좌복 위에 앉아만 있으면 다 참선이 아니다. 참선자의 마음 자세가 절실하고 간절해야만 참선도 절실하게 되는 것이다. 마음이 간절하지 못하면 잠 아니면 망상이다.

　잠이나 꾸벅꾸벅 조는 참선은 근본적으로 마음에 간절함이 없기 때문이다. 수행자의 마음은 간절하고 절실해야 한다. 절실하지 않기 때문에 잠 아니면 망상이다. 망상이나 잠은 참선이 아니다. 이 장에서 박산무이선사는 수행자의 마음자세를 말씀하고 계신다. 얼마나 간절하고 절실하신 말씀인가. 수행자는 뼈에 새겨야 할 경책이다.

十二項 문자승이 되지 마라

做工夫. 最怕思惟. 做詩做偈做文賦等. 詩偈成則. 名詩僧.
文賦工則稱文字僧. 與參禪. 總沒交涉. 凡遇着逆順境緣. 動
人念處. 便當覺破. 提起話頭. 不隨境緣轉. 始得. 或云不打
緊. 這三箇字. 最是誤人. 學者不可不審.

공부를 하되 생각하여 시를 짓고 게송을 짓고 글 짓는 일을
가장 두려워해야 한다. 시나 게송을 일삼으면 시승이라고
이른다. 글을 잘하면 문자승이라고 한다. 이런 것들은 참선
과는 아무런 상관이 없다. 무릇 나쁜 경계나 좋은 경계가
사람의 마음을 흔드는 경우를 만나게 되면 그 즉시도 알아
차려 깨뜨리고 화두를 들어 경계의 반연을 따라 굴러가지
말아야 한다. 어떤 이는 말하기를 바짝 조여 댈 게 없다고
하나 이 말이 가장 사람을 잘못되게 하는 것이니 학인은 살

피지 않을 수 없다.

🔔 출가하여 수행자가 되는 것은 견성성불에 목적이 있다. 출가 목적이 마음을 깨닫기 위해서 수행을 하는데 수행에는 힘쓰지 않고 시나 쓰는데 정신이 팔려 있으니 한심하기 그지없다는 말씀이다.

예나 지금이나 절집에는 출가 목적을 잃어버린 채 엉뚱한 곳에서 시간을 낭비하고 있으니 그것을 경책하신 말씀이다. 한 생을 화두참선에 다 바쳐도 될까 말까 하는데 글이나 짓고 게송 따위나 짓고 있으니 한심하기 짝이 없는 일이다. 요사이 절집에도 보면 요상한 모자를 눌러쓰고 시인 혹은 문인 행세하는 스님들이 많이 있다.

부처님이 보시면 웃을 일이다. 수행자의 본분은 수행이다. 수행은 마음을 깨치기 위해서다. 마음을 깨달으려면 온 마음을 화두 하나에 똘똘 뭉쳐 몰입해야 한다. 그런데 그렇지 않고 시나 짓고 글이나 쓰는데 정신이 팔려 있으니 한심하기 짝이 없다. 글이나 시는 깨친 후에 지어도 늦지 않다.

깨친 자의 소리는 그대로가 다 시이고 경구가 된다. 깨치지도 못하고 나불대봐야 그것이 그것이다. 출가자는 수행이 목적이다. 수행은 깨닫기 위함이다. 수행에 목적을 두지 않는 수행자는 가사 입는 도둑이다. 삼보 정재를 훔치는 도둑이다. 경계하고 경계할 일이다.

十三項 공부는 실천이다

做工夫. 不得將心待悟. 如人行路. 住在路上. 待到家. 終不
到家. 只須行到家. 若將心待悟. 終不悟. 只須逼撲令悟. 非
待悟.

공부를 하되 마음을 가지고 깨닫기를 기다리지 말라. 마치
사람이 길을 갈 때에 길 위에 있으면서 집에 도달하고자 하
는 것과 같아서 끝내 도달할 수가 없다. 다만 반드시 걸어
가야만 집에 도달할 수가 있다. 만약 마음을 가지고 깨닫기
를 기다린다면 끝내 깨달을 수가 없으니 반드시 몸부림치고
애써야만 깨달을 수가 있지 깨닫기를 기다려서는 안 된다.

설식기부說食饑夫라는 말이 있다. 아무리 입으로 밥밥 해도
배부르지 않다는 말이다. 밥은 숟가락으로 떠먹어야 배가 찬다.

마음을 가지고 깨달음을 기다리지 말라 했다. 마음을 깨닫기 위해서는 실천적 수행이 필요하다.

수행을 하지 않고 미혹한 마음만 가지고 부처되기를 기다려 봐도 아무 소용이 없다. 부처는 실천적 수행의 결과다. 실천이 없는 수행은 공염불에 지나지 않는다. 입으로 밥만 말해서는 배가 부르지 않는다. 손으로 수저를 들고 밥을 떠먹어야 한다.

수행도 마찬가지다. 마음을 깨닫기 위해서는 뼈를 깎는 수행이 필요하다. 그 각고 끝에 얻어지는 것이 견성성불見性成佛이다. 그냥 얻어지는 것이 아니다.

피눈물 나는 수행 정진이 필요하다. 집에 가고자 하는 자는 걸어라. 걸으면 집에 도착할 것이다. 부처가 되고자 하는 자는 촌음을 아껴 정진하라. 수행의 결과가 견성성불이다.

十四項 화두만 생각하고 다른 생각은 마라

做工夫. 着不得一絲毫別念. 行住坐臥. 單單提起本參話頭.
發起疑情. 憤然要計箇下落. 若有絲毫別念. 古所謂雜毒入心.
傷乎慧命. 學者不可不謹.

공부를 하되 실 한 올 털 한끝만큼의 딴생각도 내지 말아야
한다. 가거나 멈추거나 앉거나 눕거나 간에 외곬으로 의정
을 일으켜서 분연히 해답을 찾으려고 해야 한다. 만약 실
한 올 털 한끝만큼이라도 딴생각을 내면 옛사람이 말한 잡
된 독이 심장에 들어가서 지혜 생명이 위태롭다라고 한 격
이니 학인은 삼가지 않을 수 없다.

🔔 화두참선은 의심이 생명이다. 화두참선하는 자가 화두는
들지 않고 다른 생각을 하면 안 된다.

화두는 천 생각 만 생각을 매어놓은 쇠말뚝이다. 쇠말뚝은 잡념 망상을 털어내는 용광로다. 천사량 만사량이 화두 용광로에서 한 덩어리 쇠로 녹아난다. 잡탈은 다 떨어지고 남은 것은 한 덩어리 참쇠다.

화두참선도 의단 하나로 똘똘 뭉쳐야 한다. 화두참선은 의심이 생명이다. 어째서 그런가 하고 의심 하나에 온 정신을 쏟아야 한다. 털끝만큼이라도 딴생각을 해서는 안 된다. 딴생각이 화두참선의 장애다. 화두 일념이면 화두참선은 족하다.

十五項 불사佛事도 딴생각이다

余云別念. 非但世間法. 除究心之外. 佛法中一切好事. 悉名
別念. 又豈但佛法中事. 於心體上取之捨之. 執之化之. 悉別
念矣.

내가 말한 딴생각이라 함은 세간법뿐 아니니 마음을 찾는
일을 내놓고는 불법 안의 어떤 좋은 일일지라도 몽땅 딴생
각이라 부른다. 어찌 불법 안의 일뿐이랴. 마음 바탕 위
에서 취하거나 버리거나 교화하거나 하는 일이 다 딴생각
이다.

여기서 말하는 딴생각이라는 말은 마음을 찾는 화두 이외
엔 다 딴생각이라는 말이다. 세속에 일뿐 아니라 불법 안의 불사
도 다 딴생각이라고 한 것이다.

참선하는 자는 마음 찾는 화두 외엔 다 딴생각이라는 말이다. 공부하는 납자에게는 화두가 전부다. 참 공부는 화두밖에 없다. 그 밖의 다른 생각을 해서는 절대로 안 된다. 수좌는 참구가 본분이다.

화두 하나로 깨달을 때까지 몰입하는 것이 참 공부다. 자나 깨나 앉으나 서나 화두 속에서 살아라. 화두를 떠나면 화두 참구가 아니다. 화두가 그대이고 그대가 화두가 되어라. 깊은 잠에 들었을 때도 화두가 일여—如하게 들려야 한다.

꿈을 꿀 때도, 꿈속에서도 화두는 있어야 한다. 꿈속에서 화두가 없으면 화두가 하나같지 않음이다. 화두는 깨달음으로 가는 길이다. 천 생각 만 생각 다 놓아 버려라. 오직 화두 하나만 붙들어라.

十六項 참선은 쇠뿔에 들어간 쥐와 같다

做工夫. 做到無可用心處. 萬仞懸崖處. 水窮山盡處. 羅紋結
角處. 如老鼠入牛角. 自有倒斷也.

공부를 하되 더 이상 마음 쓸 곳이 없는 경지와 만길 낭떠
러지와 같은 경지, 물도 다하고 산도 다한 경지, 초승달 그
림자가 물소 뿔에 새겨진 경지에 이르게 되면 마치 늙은 쥐
가 쇠뿔 속에 들어가는 것과 같아서 저절로 끝장을 내게 될
것이다.

　　진퇴양난이다. 앞으로 나갈 수도 없고 뒤로 물러설 수도
없다. 이럴 수도 저럴 수도 없는 경지를 말한 것이다.
　참선공부를 하다보면 그러한 경지가 있다. 늙은 쥐가 쇠뿔로
들어간 것같이 앞으로 나갈 곳도 없고 뒤로 물러설 수도 없는 아

주 절박한 경계다. 수행자는 이렇게 절박한 때가 있어야 한다.

절박한 경계에 처해야만 궁즉통이다. 살 곳을 찾아야 한다. 참선도 하려면 늙은 쥐가 쇠뿔에 들어간 꼴이 되어야 한다. 나갈 수도 없고 물러설 수도 없는 아주 절박한 경계에 처해야만 살아날 방도를 찾는다. 노서입우각老鼠入牛角은 1,700 공안 중 하나다.

이 공안을 타파하면 1,700 공안도 다 타파가 된다. 중국에서는 쥐를 잡는 덫이 쇠뿔이다.

쇠뿔 끝을 조금 잘라서 그 속에 벼 이삭을 거꾸로 꽂아두면 쥐가 먹이를 찾아 쇠뿔 속으로 들어와 먹이를 다 먹고 나면 입은 쇠뿔에 딱 끼게 돼서 앞으로 나갈 수도 없고 몸을 뒤로 돌릴 수도 없게 되어 진퇴양난이 된다. 이럴 때 늙은 쥐는 어떻게 해야만 쇠뿔을 나갈 수가 있겠는가다. 화두참선하는 사람도 마찬가지다.

들고 있는 화두가 의심으로 똘똘 뭉쳐져 풀리지 않는 것이 마치 쇠뿔 속 쥐와 같다는 말이다. 화두참선은 이렇게 절박감에 사로잡혀야 살아날 방도를 찾는 것이다. 그래야만 화두에 몰입할 수가 있다. 쇠뿔 속 쥐는 사느냐 죽느냐다. 화두를 든 수행자도 화두 속에서 사느냐 죽느냐. 화두를 타파하지 못하면 죽는 목숨이다.

살아도 사는 것이 아니다. 화두를 투과해야만 살아날 수가 있다. 궁즉통窮則通이라 했다. 절박감에 처해야만 살 길을 찾듯이 참선도 마찬가지다. 화두가 절박감으로 다가와야 한다. 절박감이 없으면 절박하게 화두를 들 수가 없다.

수행자가 절박감이 없으면 수행도 간절하게 하지 않기 때문이

다. 간절하지 않는 수행은 진실이 빠진 수행이다. 수행자가 진실
하지 않으면 백년 천년을 참구한다 해도 별 볼일 없는 수행이 될
것이다.

十七項 화두는 머리로 푸는 것이 아니다

做工夫. 最怕一箇怜悧心. 怜悧心. 爲之藥忌. 犯着些一毫. 雖眞藥現前. 不能救耳. 若眞是箇參禪漢. 眼如盲. 耳如聾. 心念纔起時. 如撞着銀山鐵壁相似. 如此則工夫. 始得相應耳.

공부를 하되 영리한 마음 하나를 가장 두려워해야 한다. 영리한 마음은 상극(꺼리는 약)되는 약과 같아서 조금만 먹었다 하면 비록 좋은 약이 나타나도 능히 구제할 수가 없다. 만약 참으로 참선하는 사람은 눈은 소경 같고, 귀는 귀머거리 같아야 한다. 마음이 조금만이라도 일어나면 마치 은산이나 철벽을 만난 것 같을 것이니 이와 같이 공부를 하면 비로소 상응함을 얻게 된다.

참선하는 사람은 좀 둔한 듯한 근기가 좋다. 너무 영리하여 약삭빠른 사람은 자기 꾀에 자기가 넘어가기가 쉽다.

모든 것을 눈치로, 짐작으로 맞추려고 한다. 참선은 머리로 하는 것이 아니다. 가슴으로, 마음으로 하는 것이다. 너무 약삭빠르게 머리 통박만 굴리면 안 된다. 좀 둔근기지만 묵묵히 밀어붙이는 실참자가 좋다.

보기에는 눈먼 듯 귀먹은 듯한 둔근기가 좋다. 큰 공부는 막고 품는 듯한 둔근기가 좋다. 그래서 참선은 머리로 통박만 굴리는 영리한 자를 꺼린다. 둔하지만 묵묵히 실참 실구하는 자가 좋다. 참선 자가 마음에 새겨야 할 말씀이다.

十八項 눈감고 참선하지 마라

做工夫. 不可避喧向寂. 瞑目合眼. 坐在鬼窟裡. 作活計. 古所謂黑山下坐. 死水浸. 濟得甚麼邊事. 只要在境緣上. 做得去. 始是得力處. 一句話頭頓起在眉睫上. 行裡坐裡. 着衣吃飯裡. 迎賓送客裡. 只要明這一句話頭落處. 一朝洗面時. 模着鼻孔. 原來太近.

공부를 하되 시끄러운 곳은 피하고 고요한 곳을 찾아서 눈을 감고, 귀신의 굴 속에 앉아서 살길을 찾아서는 안 된다. 옛사람이 말한 흑산 밑에 앉으니 사수가 스며든다는 격이니 무슨 일을 이루랴. 비로소 이것이 힘을 얻는 곳이다. 한 구절 화두를 몰록 일으켜 눈썹 위에 두어 가거나 앉거나 옷을 입거나 밥을 먹거나 손님을 맞이하거나 배웅하거나 간에 다만 화두 한 구절은 낙처를 밝혀야만 한다. 어느 날 아침에

세수하다가 콧구멍을 만지듯이 원래부터 가장 가까운 곳에
있었음을 알게 될 것이다.

좌선은 앉아서 하는 참선이다. 참선하는 방법 중 하나에
속한다. 초참자는 장소가 조용한 곳을 택하는 것은 당연하다. 바
깥경계를 이길 힘이 없기 때문이다.

그러나 공부가 조금 무르익다 보면 장소와는 상관이 없이 처해
진 곳, 그 곳이 참선도량이 된다. 행주좌와 어묵 동정 처해진 그
곳이 다 참선도량이다. 밥을 먹을 때도 참선이고, 옷을 입을 때도
참선이다. 어느 곳에 처하든지 화두를 놓아서는 안 된다.

화두참선 자에게는 화두가 생명 줄이다. 생명 줄을 놓아버리면
죽는 목숨이다. 화두참선을 시작했으면 화두를 눈썹 위에 올려놓
고 앉으나 서나 자나 깨나 화두와 하나가 되어라.

그것이 사는 길이다. 그 길이 깨치는 길이다. 그러다보면 ‘아’
하는 때가 온다. ‘아’ 하는 때는 서산스님이 낮닭 우는 소리에 깨
달은 때다. 화두는 깨닫기 위해서 드는 것이다.

참선할 때는 눈을 감지 말라. 눈을 감으면 캄캄한 암흑세계다.
눈을 감고 참선을 하면 귀신 굴 속에 들어간 것과 같다.

눈을 감고 참선을 하면 오는 것은 수마睡魔뿐이다. 잠은 참선하
는데 가장 큰 적이다. 눈을 반쯤 뜨고 온 정신을 화두 하나에 몰
입하고 몰입하다보면 ‘아’ 하는 때가 온다. ‘아’ 하는 때는 돈오頓
悟하는 때다. 돈오는 마음 불성을 보는 때다. 그때까지 죽자 살자
화두 하나에 매달려라.

十九項 퇴굴심을 내지 마라

工夫. 不怕做不上. 做不上. 要做上. 便是工夫. 做不上. 便
打退鼓. 縱百劫千生. 其奈爾何. 疑情發得起. 放不下. 便是
上路. 將生死二字. 貼在額頭上. 如猛虎趕來. 若不直走到家.
必喪身失命. 豈可住脚耶.

공부를 하되 향상되지 않는다고 두려워하지 말라. 향상되지
않으면 향상되도록 하는 것이 바로 공부다. 향상되지 않는
다고 곧바로 퇴각하는 북을 친다면 비록 백겁 천생을 지낸
들 어찌 할 수 있겠는가. 의정이 만일 일어나서 놓아버리려
고 해도 놓아버리지 않을 때가 바로 향상하는 길이다. 이
때에는 생사生死라는 두 글자를 가져서 이마 위에 붙여 주어
야 한다. 마치 사나운 호랑이에게 쫓기고 있어서 곧장 내달
아 집에 도착하지 않으면 반드시 목숨을 잃게 됨이니 어찌

어정거리겠는가.

참선공부는 퇴굴심을 내어도 안 되고, 그렇다고 조급심을 가져도 안 된다.

공부를 하다보면 경계가 전혀 향상되지 않을 때가 있다. 그럴 때 공부를 하지 않으면 천생 만생을 살아도 사는 것이 아니다. 화두참선은 의정疑情이 독로獨露되어야 한다. 의단疑團이 독로하면 공부는 향상되는 증후다. 의단이 독로되기까지는 쉽지가 않다. 화두공부는 간절하고 절박해야 한다. 산 속에서 호랑이를 만나 도망가는 꼴이 되어야 한다. 도망치지 않으면 잡혀 먹히고 만다. 어정쩡할 틈이 없다.

죽자 살자 뛰어야 살 수가 있다. 뒤돌아볼 겨를도 없다. 그렇게 절박감을 깨달아야 살 수가 있다. 화두참선도 그와 같다.

의단이 독로될 때 죽자 살자 화두에 몰입해야 한다. 다른 것은 생각할 틈이 없다. 틈이 나면 도망가지 않는 것과 같다.

목숨을 걸어놓고 뛰어야 한다. 그래야 살 수가 있다. 화두는 집중하고 몰입할수록 좋다. 몰입하고 몰입해서 의단이 독로될 때가 공부가 향상되는 때다.

二十項 화두로 끝을 보아라

做工夫. 只在一則公案上用心. 不可一切公案上作解會. 縱能解得終是解. 非悟也. 法華經云. 是法. 非思量分別之所能解. 圓覺經云. 以思惟心. 則度如來圓覺境界. 如將螢火. 熱須彌山. 終不能得. 洞山云. 擬將心意學玄宗. 大似西行向東. 大凡穿鑿公案者. 須皮下有血. 識慚愧始得. 道不可須臾離. 可離非道也. 工夫不可須臾間斷. 可間斷. 非工夫也. 眞正參究人. 如火燒眉毛上. 又如救頭燃. 何暇. 爲他事動念耶. 古德云. 如一人與萬人敵. 覿面那容眨眼看. 此語做工夫. 最要不可不知.

공부를 하되 다만 하나의 공안에만 마음을 쏟아야지 모든 공안에 알음알이를 지어서는 안 된다. 설사 풀이하여 이해한다 하더라도 그것은 끝내 지식일 뿐 깨달음은 아니다.

《법화경》에 이르기를 이 법은 생각이나 분별로써 이해할 수 있는 것이 아니다라고 하였으며, 《원각경》에 이르기를 생각으로써 여래의 원각 경계를 헤아리는 것은 마치 반딧불로써 수미산을 태우려는 것과 같아서 끝내 이룰 수가 없다고 하였으며, 동산스님이 이르기를 마음과 의식으로써 현묘한 종지를 배우려고 하면 이는 서쪽을 가고자 하면서 도리어 동쪽으로 가는 것과 같다 하셨다. 무릇 공안을 뚫으려고 하는 자는 반드시 살갗 아래 핏줄이 있다면 부끄러운 줄 알아야 한다. 도는 잠시도 여읠 수가 없는 것이니 여읠 수 있는 것이라면 도가 아니다. 공부는 잠시도 끊어져서는 안 되는 것이니 끊어지면 공부가 아니다. 참으로 바르게 참구하는 사람은 마치 불이 눈썹을 태우듯이, 머리에 붙은 불을 끄듯이 공부를 해야 하거늘 어느 겨를에 다른 일에 마음을 쓰겠는가하고 하셨다. 옛 스님이 말씀하시기를 한 사람이 만 명의 적군과 싸울 경우 어찌 얼굴을 마주하여 눈알을 깜박일 틈이나 있겠는가라고 하셨다. 이 말이 공부하는데 가장 요긴한 말이니 가히 알지 아니할 수 없다.

천의만의千疑萬疑가 지시일의只是一疑라 했다. 천공안千公案 만공안萬公案이 지시일공안只是一公案이다. 화두참선하는 사람은 한 가지 공안을 화두로 삼아야 한다. 1,700 공안이 한 공안 속에 있다고 했다. 한 공안을 타파하면 일체 공안이 일시에 타파되는 것이 화두참선이다.

한 공안을 깨치고 나서 다른 공안을 투과하는 것이 아니다. 한 화두를 깨치고 나면 만 가지 화두가 일시에 알아지는 것이 화두참선이다.

참선 납자는 그 점을 명심할 일이다. 이 화두는 어떻고 저 화두는 어떻다고 알음알이로 따지고 쪼개봐야 그것은 사량계교망상잡념思量計較妄想雜念이다.

부처님께서 깨달은 경계는 말이나 생각으로 설명할 수 없는 곳이다. 그것을 《법화경》이나 《원각경》에서 말씀하셨다. 설익은 감은 떫은 것이다. 감은 달고 맛이 있어야 감이다.

참선공부 조금 한 소견으로 화두를 머리로 풀고 공안을 생각으로 쪼개서 알음알이 선을 하면 본인도 죽고 남도 죽인다. 삼가할 일이다. 화두참선은 깨치는 것이다. 깨달음은 실참실구 하는 데서 오는 것이다. 머리로 통박 굴려 봐야 남는 것은 아무것도 없다.

二十一項 잠이 오면 송곳으로 찔러라

做工夫. 曉夕不敢自怠. 如慈明大師. 夜欲將睡. 用引錐刺之.
又云古人. 爲道不食不寢. 予何人耶.

공부를 하되 새벽이나 밤이나 감히 게을러서는 안 된다. 자명스님은 밤에 졸음이 쏟아지면 송곳으로 살갗을 찌르면서 말하기를 옛 스님들은 도를 위해서 먹지도 아니 하고 잠도 자지 않았다 했는데 나는 도대체 어찌된 사람인가라고 하셨다 한다.

옛날 스님들의 공부하신 모습이 이 장에서는 여실하게 나온다. 출가사문은 견성성불見性成佛이 출가목적이다.

출가목적은 깨달음에 있다. 깨달음을 얻기 위해서는 촌음을 아껴서 정진 수행해야 한다. 일초 일분이 금싸라기 같은 시간이다.

그 시간을 낭비할 수는 없다. 왜냐하면 출가사문이기 때문이다. 그래서 밤낮없이 공부하다 잠이 쏟아지면 송곳으로 허벅지를 찔러 잠을 쫓아 정진하신 분이 자명선사이다.

먹는 것도, 잠자는 것도 잊고 공부하신 것이다. 그토록 간절하고 절실하게 공부하면 못 이룰 것이 없다. 화두참선은 자기와의 싸움이다. 자기 내면에서 일어나는 욕망과의 싸움이다. 욕망의 찌꺼기가 다 탕진될 때 수행의 결과는 오는 것이다.

출가수행은 잘 먹고 잘 살기 위해서 출가한 것이 아니다. 마음을 깨닫기 위해서 수행하는 것이다. 먹을 것, 잘 것 다 자고 어느 세월에 깨달음을 얻겠는가. 경계하고 마음에 새겨야 할 일이다.

<h1>二十二項 화두를 따지고
쪼개지 마라</h1>

做工夫. 不得向意根下. 卜度思惟. 使工夫. 不得成片. 不能
發得起疑情. 思惟卜度四字. 障正信障正行. 兼障道眼. 學者
於彼. 如生冤家相似. 及可耳.

공부를 하되 의식 속에서 헤아리고 생각해서는 안 된다. 헤
아리고 생각하는 일은 공부를 조금도 이룰 수 없게 하며 의
정을 일으킬 수도 없게 한다. 그러므로 사유복탁思惟卜度이
라는 네 글자는 바른 믿음에 장애가 되고, 바른 수행에 방
해가 되며, 아울러서도 안에 장애가 되는 것이니 학인들은
그것을 태어날 때부터 원수 집안처럼 대해야 한다.

🔔 참선하는 사람은 의식으로 이렇다 저렇다 따지지 말라는
말이다. 따지고 쪼개 봐야 공부하는 데는 눈곱만큼도 도움이 되

지 않는다. 의단을 일으키는 데는 더욱 도움이 되지 않는다.

화두참선은 참구하는 화두 하나만 의심하고 몰입해야 한다. 들고 있는 화두가 정전백수자庭前栢樹子면 천 생각 만 생각 위에 어째서 뜰 앞에 잣나무라고 했는가 하고 의심할 뿐이다.

화두를 쪼개고 따지는 것은 화두참선이 아니다. 화두참선은 화두를 그냥 의심할 뿐이다. 어째서 뜰 앞에 잣나무라고 했는가 하고 의심하고 의심할 뿐이다. 그렇게 의심하여 의심이 커져서 온 마음에 의심이 하나로 뭉쳐질 때 자나 깨나 뜰 앞에 잣나무 한 생각뿐이다. 이렇게 되는 것을 의단독로疑團獨露라고 한다. 의단이 독로해야 화두가 오매일여寤寐一如가 된다. 자나 깨나 화두가 하나가 된다.

그때는 화두를 들려고 해서 들어지는 것이 아니다. 들지 아니해도 들어지고, 의심하지 아니해도 의심하여진다.

이렇게 화두가 하나로 들어질 때가 공부가 좀 되어가는 증후다. 이때를 놓치지 말라. 끝까지 밀어붙여라. 끝은 '아' 하는 때다. '아' 하는 때는 돈오頓悟하는 때다. 돈오는 견성성불見性成佛을 말한다. 견성성불은 수행자가 이루어야 할 결과물이다. 견성성불이 없는 수행은 깨진 독과 같은 것이다. 아무것도 담을 수 없는 깨진 독이다.

二十三項 짐작으로 말하지 마라

做工夫. 不得向擧起處承當. 若承當. 正所謂瞞頇儱侗. 與
參究. 不相應. 只須發起疑情. 打敎徹無承當處. 亦無承當者.
如空中樓閣. 七通八達. 不然認賊爲子. 認奴作郎. 古德云.
莫將驢鞍橋喚作阿爺下頷. 斯之謂也.

공부를 하되 거량하는 곳을 향해서 지레짐작하지 말아야 한
다. 만약 지레짐작하면 참말로 어리석고 미련한 짓이다. 참
구하는 일과는 들어맞지 않는다. 모름지기 의정을 일으켜서
철저하게 지레짐작할 것도 없고, 또한 지레짐작할 것도 없
게끔 해야 한다. 마치 허공 중의 누각이 사방팔방으로 다
뚫린 것과 같아서 걸림이 없는 것이다. 그렇지 않다면 도둑
을 잘못 알고 제 자식으로 여기고, 종을 잘못 알고 상전으
로 여기는 꼴이 된다. 옛 스님이 말씀하시기를 당나귀 안장

을 보고 아버지 턱뼈라고 부르지 말라고 하였으니 이를 두
고 한 말이다.

　🔔　화두참선은 화두공안을 타파해서 확철대오하는 것이 목
적이다. 확철대오하기 전에는 입도 뻥끗 말아야 한다. 깨닫지도
못하고서 지레짐작으로 공안을 이러쿵저러쿵 따지고 쪼개 봐도
자기 마음공부와는 아무 상관이 없다.

불성자리는 말이 끊긴 곳이다. 생각이 미치지 못하는 곳이다.
언어도단 심행처멸이다. 역대 제불조사가 똑같은 말씀을 하셨다.

헛소리가 아니다. 앉아서 공부를 여실하게 하다보면 스스로가
알게 될 일이다. 경장·논장 좀 보고 지레짐작으로 꿰어 맞추지
말라. 경이나 논장에 있는 말은 그대 살림살이가 아니다.

깨치지 못한 중생은 중생일 뿐이다. 여기서 도둑을 잘못 알아
자식으로 삼는다고 한 것은 지레짐작으로 아는 것을 말한다. 당
나귀 안장을 보고 아버지 턱뼈라고 한 것도 마찬가지다. 깨달은
자의 소리가 아니라는 말이다. 도와는 구만 팔천 리라는 말이다.

二十四項 화두는 물어서
될 일이 아니다

做工夫. 不得求人說破. 若說破. 終是別人底. 與自己沒相干.
如人問路到長安. 但可要其指路. 不可更問長安事. 彼一一說
明長安事. 終是彼見底. 非問路者. 親見也. 若不力行. 便求
人說破. 亦復如是.

공부를 하되 남이 설파하여 주기를 기대해서는 안 된다. 만
약 설파하여 준다 해도 그것은 끝내 남의 것일 뿐 자기와는
아무 상관이 없다. 마치 어떤 사람이 장안으로 가는 길을
물을 때에 다만 길만 가르쳐 달라고 해야지 장안의 일까지
물어서는 안 된다. 그가 장안의 소식을 낱낱이 말하여 준다
하여도 그것은 끝내 그가 본 것이요 길을 묻는 자가 직접
본 것은 아니다. 몸소 힘써서 수행하지 않고 남이 설파하여
주기를 기다리는 것도 또한 다시 이와 같은 것이다.

🔔 남이 밥 먹는다고 내가 배부른 것은 아니다. 배고픈 자는 몸소 밥을 먹어야 한다. 불교수행은 자증자오自證自悟다.

깨달은 것도 자기고 증득하는 것도 자기다. 스스로 깨닫고 스스로 증득해야 한다.

남이 밥 먹는다고 내가 배 부르는 것이 아니다. 내 배는 내가 채워줘야 한다. 남이 먹는 것을 아무리 많이 봐도 내 배는 부르지 않는다. 공부도 마찬가지다. 수행도 마찬가지다. 자기 공부는 자기 스스로 해야 한다.

역대 제불조사 말씀은 그분들의 살림살이다. 내 살림살이가 아니다. 참선공부는 더구나 자내증自內證을 요要하는 공부다.

남의 입만 쳐다봐야 자기 살림살이와는 아무 상관이 없다. 박산무이선사는 그 점을 설파하고 계신다. 수행자는 마음에 새겨야 할 일이다.

二十五項 화두를 염송하지 마라

做工夫. 不只是念公案. 念來念去. 有甚麼交涉. 念到彌勒下
生時. 亦沒交涉. 何不念阿彌陀佛. 更有亦益. 不但教不必念.
不妨一一. 擧起話頭. 如看無字. 更就無上起疑情. 如看栢樹
子. 便就一歸何處. 起疑情. 疑情發得起. 盡十方世界. 是一
箇疑團. 不知有父母身心. 不知有十方世界. 非內非外. 輾成
一團. 一日如桶箍自爆. 再見善知識. 不待開口而大事. 了畢
矣.

공부를 하되 화두를 염송만 해서는 안 된다. 염송하여 오고
염송하여 간들 공부와 무슨 상관이 있겠는가. 미륵이 하생
할 때까지 염송하여도 공부와는 상관이 없다. 차라리 아미
타불을 염하는 것이 이익이나 얻을 수 있지 않겠는가. 다만
염불을 하지 말라고 하지 않는 것은 낱낱 화두를 드는 데도

방해가 되지 않기 때문이다. 만약 무자無字화두를 든다면 무자에 나아가 의정을 일으키고, 만약 뜰 앞에 잣나무를 든다면 뜰 앞 잣나무에 의정을 일으키고, 일귀하처 화두를 든다면 일귀하처에 나아가 의정을 일으켜야 한다. 일단 의정이 일어나면 온 누리가 하나의 의심 덩어리가 되어 부모에게 물려받은 이 몸뚱이가 있는 줄도 알지 못하며, 온 세상이 있는 줄도 알지 못하고, 안도 없고 바깥도 없어서 의단으로 한 덩어리가 되어야 한다. 그렇게 하다보면 하루아침에 테를 맨 물동이 터지는 것과 같이 의심이 풀리게 될 것이다. 그러고 나서 선지식을 다시 만나게 되면 입이 열리기 전에 일대가 일을 끝마치게 될 것이다.

화두는 의심하는 것이다. 화두를 염불하듯 염송하지 말라. 화두는 공안이다. 공안은 공안 문서이니 보지 않는 자는 모른다. 모르면 알려고 의심할 수밖에 없다.

의심해야 할 화두공안을 염불하듯 염송한다면 화두참선의 본궤도를 벗어난 것이다. 화두는 염송이 아니다. 화두는 의심이다. 의심이 화두의 생명이다. 무자화두를 참구하는 자는 무자화두와 하나가 되어라. 화두가 나이고 내가 화두가 되어야 한다.

화두를 놓치면 안 된다. 일초 일분도 놓치면 안 된다. 화두참선은 화두 하나로 평생을 살아야 한다.

깨닫기 전에는 화두를 놓아서는 안 된다. 화두참선 자는 각자가 들고 있는 화두와 하나가 돼라. 자나 깨나 앉으나 서나 화두가 돼라.

그것이 화두참선의 지름길이다. 화두가 자나 깨나 일여一如할 때 공부가 되어가는 징조다. 화두가 일여一如할 때는 먹어도 먹는 것이 아니다. 봐도 본 것이 아니다. 그 자리는 나와 네가 없다. 허허 탕탕 온 세상이 하나로 돌아간다.

화두가 나이고 내가 화두다. 그렇다고 그 경지에 만족하지 말라. 아직 다 된 것이 아니다. '아' 하는 때가 남아 있다. '아' 하는 때는 돈오頓悟하는 때다. 선회선사가 물 속에서 물 먹다 깨달은 때다. 깨달음은 견성성불見性成佛이다. 그때까지 화두를 놓지 말라.

二十六項 화두를 놓지 마라

做工夫. 不可須臾. 失正念. 若失了參究一念. 必流入異端.
茫茫不返. 如有人. 靜坐. 只喜澄澄湛湛. 純淸絶點. 爲佛事.
此喚作失正念. 墮在澄湛中. 或認箇能講能譚. 能動能靜. 爲
佛事. 此喚作失正念. 認識神. 惑將妄心遏捺. 令妄心不起.
爲佛事. 此喚作失正念. 如石壓草. 又如剝芭蕉葉子. 或觀想
身. 如虛空. 不起念. 如牆壁. 此喚作失正念. 落空亡. 外道.
魂不散底. 死人總而言之. 皆失正念故.

공부를 하되 잠깐이라도 바른 생각을 잊어버려서는 안 된
다. 만약 참구하는 한 생각을 잊어버리면 반드시 이단 외도
에 들어가 아득히 돌아오지 못할 것이다. 어떤 사람이 고요
히 앉아 맑고 맑은 것만 좋아하여 순수하고 청정하고 티끌
이 끊어진 것으로써 불사를 삼는다면 이것은 바른 생각을

잊어버렸다고 하여야 할 것이니 맑고 고요한 데서 떨어졌기 때문이다. 어떤 사람이 강의하고 담론하고 움직이고 고요한 곳을 잘못 알아 불사를 삼는다면 이것도 바른 생각을 잊어버렸다고 하여야 할 것이니 식신(識神:알음알이)을 인정하였기 때문이다. 어떤 사람이 망령된 마음을 가지고 억지로 내려 눌러서 망령된 마음이 일어나지 못하게 하는 것으로써 불사를 삼는다면 이는 바른 생각을 잊어버렸다고 할 것이니 마치 돌로 풀을 눌러놓는 것과 같고, 파초 잎을 벗겨내는 것과 같기 때문이다. 혹 어떤 사람이 자기 몸을 허공과 같다고 관찰하여 생각을 일으키지 않기를 담벼락과 같이 한다면 이것은 바른 생각을 잊어버렸다고 할 것이니 허무에 떨어진 외도이며, 혼이 흩어지지 않는 시체이기 때문이다. 통틀어서 말한다면 모두가 바른 생각을 잊어버렸기 때문이다.

화두참선 자가 화두를 놓는 것은 바른 생각을 잊어버린 것과 같다. 여기서 바른 생각은 화두다. 화두가 정념正念이다. 정념인 화두를 잠시도 놓아서는 안 된다.

화두참선은 화두가 생명이다. 화두 일념을 빼놓고서는 갈 곳이 없다. 자나 깨나 화두 일념뿐이어야 한다.

천 생각 만 생각 잡념 망상이 일어나도 화두 한 생각이면 된다. 들고 있는 화두가 시심마是甚麼면 앉으나 서나 "이 무엇인고"하고 의심하고 의심해야 한다. 시심마 밖에 다른 생각은 생각지 말라.

화두참선은 화두가 생명 줄이다.

참선을 하다보면 마음이 고요해지고 정신이 순일 무잡해질 때가 있다. 그렇다고 그 곳에 안주하지 마라. 그것이 구경각이 아니다. 안주하려는 그 마음이 잡념이고 마군이다. 화두참선 자는 화두 하나가 절체절명의 생명 줄이다. 그 생명 줄이 끊어지면 죽는 목숨이다.

화두 밖에는 다른 생각할 틈이 없다. 자나 깨나 화두 하나로 똘똘 뭉쳐져야 한다. 먹는 것도 화두고, 자는 것도 화두여야 한다.

그렇게 될 때까지 죽자 살자 참구하는 길밖에 다른 길이 없다. 화두참선 자가 오매일여도 모르고 몽중일여도 모른다면 말이나 되겠는가. 엉터리 참선자다. 모양새만 화두참선 자이지 속은 잡념 망상선을 하고 있는 것이다.

二十七項 의정을 깨뜨려라

做工夫. 疑情. 發得起. 更要撲得破. 若撲不破時. 當確實正
念. 發大勇猛. 切中. 更加箇切字. 始得. 徑山云. 大丈夫漢.
決欲究竟. 此一段大事因緣. 一等打破面皮. 性燥竪起脊梁骨.
貼在額頭上. 常侍一似欠. 人萬百貫錢. 被人追索. 無物可賞.
怕被人恥辱. 無急得急. 無忙得忙. 無大得大底一件事. 方有
趣向分.

공부를 하되 일단 의정이 일어나면 다시 그 의정을 깨뜨려
야 한다. 만약 깨뜨리지 않을 때는 마땅히 바른 생각을 확
실하게 지니고 큰 용맹심을 일으켜서 간절하고 다시 간절하
게 해야만 된다. 경산스님이 말씀하시기를 대장부가 결단코
이 일대사 인연을 끝장내려고 한다면 한꺼번에 안면을 바꾸
고 서둘러서 등뼈를 곧추세우고, 인정을 돌아보지 말고, 평

소에 자기가 의심하던 것을 붙잡아서 이마 위에 딱 붙여 놓아라. 항상 남의 돈 삼백만 관을 빚진 사람이 빚쟁이에게 쫓기되 갚을 길은 없고 남에게 창피 당할 일은 두렵고 해서 서두를 일도 없는데 서두르고, 바쁠 것도 없는데 바빠하고, 큰일도 없는데 큰일이라도 난 듯이 하여야 비로소 공부를 해나갈 취향(공부)할 분이 있다하시느니라.

화두참선은 화두 타파에 뜻이 있다. 화두는 의심이다. 의심을 타파해서 확철대오해야만 한다. 화두참선 자는 금생에 끝장을 내려는 확고한 결의가 있어야 한다.

어물쩍 넘어가서 일생을 허비해서는 안 된다. 화두를 들되 늘 빚진 사람 마냥 해야 한다. 빚쟁이는 늘 쫓기듯 마음이 편안치 않는 것이다.

길 위에서 봉변이나 당하지 않나 하고 마음이 늘 조마조마 한다. 화두도 마찬가지다. 좌복 위에 앉아서 시은만 축내고 있으니 깨닫지 못하면 큰 빚이 된다.

쌀 한 톨이 입에 들어오기까지는 숱한 시은을 입었다. 그러니 항상 화두를 들되 빚진 빚쟁이 마냥 최선을 다해야 한다. 화두참선 자는 화두를 타파해야만 빚을 갚을 수가 있다. 깨닫지 못하면 세세생생에 빚이 따라다닌다. 경계하고 힘쓸 일이다.

第六節

普濟尊者 示覺悟禪人

一項 화두참선 자가 무기공에 빠지지 마라

念起念滅. 謂之生死. 當生死之際. 須盡力提起話頭. 話頭純
一. 起滅卽盡. 起滅卽盡處. 謂之寂. 寂中無話頭. 謂之無記.
寂中不昧話頭. 謂之靈. 卽此空寂靈知. 無壞無雜. 如是用切.
不日成之.

나옹스님이 각오선인에게 보인 글이다.

한 생각 일어나고 한 생각 멸하는 것을 생사라고 한다. 나
고 죽을 때를 당해서 힘을 다해 화두를 잡아서 들어라. 화
두가 순일하면 일어나고 꺼지는 것이 없어지리니 일어나고
꺼지는 것이 없어지면 고요 적이라고 한다. 고요 속에 화두
가 없어지면 이것은 적寂이라고 한다. 고요 속에 화두가 분
명하면 신령이라고 한다. 이러한 공적과 영지가 일그러짐도
뒤섞임도 없게 할지니 이렇게만 공부하면 마침내 앉아서 며

칠 안에 성취할 것이다.

🔔　나옹스님은 고려 때 우리나라 스님이다. 중국에 가서 지공대사指空大師와 평산대사平山大師를 찾아뵙고 공부를 하여 법의法衣와 불자拂子를 받아와서 종풍宗風을 날렸던 대선덕大禪德이다.

일념一念이 생사生死다. 한 생각 일어나는 것이 생生이고, 한 생각 멸하는 것이 사死다. 우리 마음속에는 시시찰찰時時刹刹 생각이 생했다 멸했다 한다. 천생만사千生萬死다. 일어나는 생각을 좇아가면 생사다. 천 생각 만 생각을 돌이켜 화두 하나에 올려놓고 몰입해야 화두참선이다.

화두를 놓아버리면 생각의 파도에 휩쓸린다. 기멸起滅하는 생각에 빠지면 숨만 쉬는 송장이다.

화두참선은 죽은 자를 살리는 것이다. 생멸하는 생각은 그냥 놓아두고 화두 한 생각에 몰입해야 한다. 화두에 몰입하다 보면 챙기거나 의심하지 않아도 저절로 챙겨지고 의심하게 된다. 이때를 화두가 순일무잡純一無雜해졌다고 한다.

화두가 순일무잡해지면 생각이 일어나고 꺼짐이 없어진다. 고요 속에 고요함만 남고 화두가 없으면 무기無記라고 한다. 무기는 삼성중三性中의 하나다.

온갖 설법을 세 가지로 나눈 것 중에 선도 악도 아닌 성질로서 선악중善惡中에 어떤 결과도 끌어오지 않는 중간성中間性을 말한다. 그러나 무기無記는 선악善惡을 끌어올릴 능력은 없지만 수행에는 방해를 한다. 당태종唐太宗의 불교탄압도 무기공無記空 때문이다.

화두참선도 화두가 성성적적 의단이 독로해야 한다. 독로獨露는 공적空寂과 영지靈知가 분명함을 말한 것이다.

화두참선은 의단독로疑團獨露가 공부의 관건이다. 화두참선을 하고도 의단독로가 무엇인지도 모르면 아직 멀었다. 화두참선은 자나 깨나 화두가 성성적적하게 들려야 한다.

깊은 잠에 들었을 때도 화두가 일여—如해야 한다. 그렇게 하다 보면 머지않아서 공부를 성취할 날이 오고 만다. 공부 성취는 견성성불見性成佛이다.

第七節

�‍山正凝禪師 示蒙山法語

一項

불법에 확신을 가져라

師見蒙山禮. 先自問云. 爾還信得及麼. 山云若信得及. 不到
這裡. 師云十分信得. 更要持戒. 持戒易得靈驗. 若無戒行.
如空中架樓閣. 還持戒魔. 山云見持五戒.

환산정응선사가 몽산에게 주신 법어다.
환산선사께서 몽산이 와서 절하는 것을 보시고 먼저 물으시
되 그대는 확신이 섰는가? 몽산이 말했다. 만약 확신이 서
지 않았다면 여기에 오지 않았을 것입니다. 환산선사가 말
했다. 십분 확신이 섰다면 계행은 반드시 지켜야 한다. 계
율을 지녀야 쉽게 영험을 얻을 것이다. 만약 계행이 없으면
허공에 누각을 세우는 것과 같다. 계율은 지키고 있는가?
몽산이 말했다. 현재 오계를 지니고 있습니다.

이 법어는 환산정응선사가 몽산화상에게 주신 법문이다. 출가사문이든 재가불자든지 간에 불교를 믿는 불자는 첫째가 불교에 대한 확고한 신념이 서야 한다.

부처님께서 말씀하신 삼라만상森羅萬象이 실유불성悉有佛性이라는 말을 믿고 그 경계를 증득하여 불성자리에 이르러서 확신을 가져야 한다. 확신이 없는 믿음은 맹신이다. 맹신은 미신이 될 수밖에 없다.

불교 신앙信仰의 4대요소四大要素는 신해행증信解行證이다. 부처님의 가르침을 확신해서 믿고 그 가르침을 알아서 이해하고 실천수행하여 그 실천수행을 통해서 자기 내면의 불성을 증득하는데 있다. 정응선사께서 몽산화상이 와서 절을 하니 물으신 말씀이 "그대는 확신이 섰는가?" 이다.

신득급信得及은 대혜종고大慧宗杲의 《서장》에 나오는 말이다. 신信은 확신이다. 그저 믿는 믿음의 신이 아니다. 자내증自內證의 확신이다. 부처님께서 깨달으셨다는 불성佛性자리를 그대도 자내증을 통해서 깨달았는가의 신이다. 득得은 증득證得의 득이다. 해오解悟가 아닌 증득의 득이다. 급及은 도달함을 말함이다. 부처님과 같은 대각大覺의 경계에 가 보았는가의 급이다. 부처님 경계에 가서 확신하여 얻어 보았는가의 급이다. 불자는 첫째가 확고부동한 확신이 서야 한다.

계율은 확신이 섰으면 행하는 것이다. 확신 행이 계율행戒律行이다. 지키지 않으려고 해도 지켜지는 것이다.

오계五戒는 살도음망주殺盜婬妄酒이다. 살殺은 불살생不殺生이다.

산 생명을 죽이지 말라다. 도盜는 불투도不偸盜다. 남의 것을 훔치
고 도둑질하지 말라다. 음婬은 불음행不婬行이다. 출가 수행자는
음행을 금한다. 재가신도는 삿된 음행을 하지 말라다. 망妄은 불
망어不妄語다. 허망한 거짓말을 하지 말라다. 주酒는 불음주不飮酒
다. 술을 마시지 말라다. 술은 정신을 흐리게 하기 때문에 음주를
금한 것이다. 술은 정신을 흐리게 하기 때문에 범계犯戒의 근원이
된다.

오계五戒는 계율戒律의 근본이 된다. 계율은 수행자가 마음의 평
정을 얻기 위함이다. 마음의 평정을 이루지 않고 수행할 수 없기
때문에 불자는 오계를 꼭 지켜야 한다. 그 점을 환산정응선사께
서는 몽산스님께 말씀하신 것이다.

무자화두만 들라

師云此後. 只看箇無字. 不要思量卜度. 不得作有無解會. 且
莫看經敎語錄之類. 只單單提箇無字. 於十二時中四威儀內.
須要惺惺. 如猫捕鼠. 如鷄抱卵. 無令斷續. 未得透徹時當如
老鼠咬棺材相似. 不可改移. 時復鞭起疑云. 一切含靈. 皆有
佛性. 趙州因甚道無. 意作麼生. 旣有疑時. 黙黙提箇無字.
廻光自看. 只這箇無字. 要識得自己. 要識得趙州. 要捉敗佛
祖得人憎處. 但信我如此說話. 驀直做將去. 決定有發明時節.
斷不誤爾云云.

환산정응선사가 말했다. 이 뒤로는 오직 무자화두無字話頭만
참구하되 생각으로 헤아리지도 말고, 있느니 없느니 하는
알음알이도 알려고 하지도 말고, 다만 외곬으로 무자만을
들되 하루 24시간 네 가지 위의 안에(행주좌와行住坐臥) 반

드시 또렷또렷이 하여 마치 고양이가 쥐 잡듯이 하며, 닭이 알 품듯이 끊어지지 않도록 해야 한다. 사무쳐 터득하기 전에는 마치 늙은 쥐가 관짝을 쏠듯이 옮기지 않아야 한다. 때때로 다시 채찍질하여 의정疑精을 일으키되 일체중생이 불성을 가지고 있거늘 조주는 어째서 없다고 하였는가. 그 뜻이 무엇일까 하라. 이미 의정이 생겼거든 묵묵히 무자만을 들고서 광명을 돌이켜 스스로 살펴보아라. 오직 이 무자로써 자기를 알고자 하며, 조주를 알고자 하며, 부처님과 조사님네들이 사람들에게 미움 받던 곳을 붙잡고자 하라. 다만 나의 이런 말을 믿고 곧장 나아가면 결국 깨달을 때가 있을 것이다. 결단코 그대를 그르치지는 않을 것이다.

화두참선에서 화두는 생각을 매는 말뚝이라 했다. 조주 무자無字는 가장 많이 드는 화두다.

일체중생이 다 불성이 있다고 했는데 조주스님은 어째서 개에게는 불성이 없다고 했는가가 의심 화두다. 화두참선을 하려면 방장스님이나 조실스님한테 화두를 타야 한다. 조실스님이 준 화두가 화두참선하는 동안은 의단 공안이 된다.

환산정응선사도 몽산화상께 조주 무자無字화두를 주었다. 첫째는 수행자로서 확신을 세워야 하고, 둘째는 오계五戒를 지켜야 하며, 셋째는 조주 무자화두만 챙기라고 하셨다. 하루 24시간 무자화두를 챙기라고 하셨다. 조주스님은 어째서 개에게는 불성이 없다고 하였는가 하고 의심하고 의심하라 하셨다.

화두참선은 의심이 생명이다. 의심이 가지 않는 화두는 화두가 아니다. 알고 깨달았으면 화두참선은 할 필요가 없다. 모르면서 의심이 가지 않는 것이 병통이다. 모르면서 의심이 가지 않는 것은 간절하고 절박하지 않기 때문이다. 화두참선은 고양이가 쥐 잡듯이, 닭이 알 품듯이 하라고 하셨다.

고양이가 쥐구멍을 보듯이 한눈팔 시간이 없다. 언제 쥐가 도망칠지 모르기 때문에 눈을 쥐구멍에서 뗄 수 없는 것과 같이 화두참선하는 사람도 화두를 눈썹 위에 올려놓고 집중해서 몰입해야 한다.

닭이 알을 품는 것은 병아리를 깨기 위함이다. 어미 닭의 체온이 28일 간 지속되어야만 병아리가 나온다. 닭이 알을 품는 것은 온도 지속에 있다. 어미 닭은 28일 간을 먹지도 않고 마시지도 않고 알을 품는다. 그것은 품는 알이 골아 썩지 않게 하기 위해서다. 어미 닭은 28일 동안 먹지도 않고 간절한 마음으로 새끼를 깨기 위해서 둥지를 떠나지 않는다. 얼마나 간절하고 절실한 마음인가. 화두참선 자도 이렇게 간절한 마음으로 화두를 챙겨야 한다. 닭이 알 품듯이, 고양이가 쥐 잡듯이 간절한 마음으로 화두에 몰입해야 한다.

그렇게 간절한 마음으로 화두를 들다보면 '아' 하는 때가 온다. '아' 하는 때는 돈오頓悟하는 때다. 돈오는 견성성불見性成佛이다. 결국 깨달을 때가 있다고 한 것이 그 말이다. 결단코 그대를 그르치지 않는다는 말은 그렇게 간절하고 절실하게 공부를 하면 틀림없이 깨달음이 있다는 말이다. 수행자는 절실하고 간절해야 한다.

第八節

東山崇藏主 送子行脚法語

一項 행각은 공부를 위해서다

大凡行脚. 須以此道. 爲懷. 不可受現成供養了. 等閑過日.
須是將生死二字. 釘在額上. 十二時中. 裂轉面皮. 計箇分曉.
始得. 若祗隨群逐隊. 打空過時. 他時. 閻羅老子. 打算飯錢.
莫道我與 你不說.

무릇 행각을 하는 것은 도로써 회포를 살아야 한다. 주는
밥이나 받으면서 어영부영 세월을 보내는 것은 안 된다. 반
드시 사느냐 죽느냐 하는 두 글자를 이마에 못질을 하여 놓
고 하루 24시간 체면치레를 제쳐 두고 이것을 찾아 분명히
해야 한다. 만약 패거리를 따르고 때를 좇아서 헛되이 세월
을 보낸다면 죽을 때에 염라대왕이 밥값을 청구할 것이다.
내가 그대를 위해서 말하여 주지 않았다고 말하지 마라.

동산숭장선사가 행각을 떠나는 제자에게 당부하신 법문이다. 선지식의 간절함이 철철 넘치는 법문이다.

참선 자는 행각하는 것도 공부다. 공부를 떠나서는 안 된다. 여기서 공부는 수행을 말한다. 행각하는 중에도 생사대사生死大事 문제를 염두에 두고 절실하게 공부를 해야 한다. 눈요기 구경이나 하는 행각은 의미가 없는 행각이다.

마음공부를 전제로 한 행각이어야 한다. 앉으나 서나 자나 깨나 화두참선 자는 이 일대사 인연을 금생에 끝장을 내야 한다. 생사 문제를 해결하기 위해서는 어영부영 밥이나 축내며 허송세월할 틈이 없다. 체면 차릴 틈도 없이 오로지 화두 하나에 온 정신을 집중하고 몰입해야 한다.

화두참선은 의심을 키우는 공부다. 화두에 의심을 두지 않으면 화두참선은 되지 않는다. 조주선사는 어째서 개에게는 불성이 없다고 하였는가 하고 의심하고, 의심하는 것이 화두참선이다.

二項 시시때때로 살펴라

若做工夫. 須要日日打算. 時時點檢. 自轉鼓起來. 至二更.
看那裡是得力處. 那裏是不得力處. 那裡是打失處. 那裡是不
打失處. 若如此做將去. 定有到家時節. 有一般辦道之人. 經
不看佛不禮. 才上蒲團. 便打瞌睡. 乃至醒來. 又且胡思亂想.
才下禪床. 便與人打雜交. 若如此辦道. 至彌勒下生. 也未有
入手底時節.

공부를 하되 반드시 날마다 따져보고 때때로 점검해야 한
다. 새벽에 일어나서부터 저녁에 잠잘 때까지 어느 곳이 힘
을 얻는 곳이며, 어느 곳이 힘을 얻지 못하는 곳인가. 어느
곳이 잃는 곳이며, 어느 곳이 잃지 않는 곳인가 하고 살펴
야 한다. 만약에 이처럼 공부하여 나가면 결단코 집에 이를
때가 있을 것이다. 일반적으로 도를 공부하는 사람들이 경

전도 보지 않고 예불도 하지 않고 방석에 앉자마자 졸다가 잠이 깨면 또 어지럽게 생각하고 선상에서 내려서자마자 남들과 어지럽게 사귀는 것이 보통이니 만약 이와 같이 도를 닦으면 미륵이 하생할 때까지 공부를 해도 뜻을 이루지 못할 것이다.

아침에 일어나면 저녁에 자리에 누울 때까지 한시도 틈을 주어서는 안 된다. 틈이 생기면 마魔가 따른다. 마에 휩쓸리면 도업을 성취하기가 어렵다. 공부를 어떻게 하면 힘을 얻고 어떻게 하면 힘을 얻지 못 하는가, 어느 때 공부하기가 좋고 어느 때 공부가 잘 되지 않는가 하고 늘 점검하고 살펴서 닦아 가야 한다.

방선할 때도 마찬가지다. 바깥경계에 휩쓸려서는 안 된다.

오직 화두 하나와 씨름을 해야 한다. 드는 화두가 마삼근麻三斤이면 어째서 마삼근이라고 하였는가 하고 의심하고 의심해야 한다. 마삼근 외엔 생각할 틈을 주지 말아야 한다. 화두참선은 화두가 전부다. 깨닫기 전에는 화두 하나로 평생을 살아야 한다.

須是猛着精彩. 提起一箇無字. 晝三夜三. 與他廝礙. 不可坐
在無事匣裡. 又不可執在蒲團上死坐. 須要活弄. 恐雜念紛飛
起時. 千萬不可與他廝鬪. 轉鬪轉急. 多有人. 在這裡. 不識
進退. 解免不下. 成風成顚. 壞了一生. 須向紛飛起處. 輕輕
放下. 打一箇轉身下地. 行一遭. 又上床. 開兩眼. 担雙拳.
竪起脊梁. 依前提起. 便覺清凉. 如一鍋湯. 才上一杓冷水相
似. 但如此做工夫. 日久月深. 自有到家時節. 工夫未得入手.
莫生煩惱. 恐煩惱魔入心. 若覺省力. 不可生歡喜. 恐歡喜魔
入心. 種種病痛. 言之不盡. 恐衆中. 有老成兄弟辦道者. 千
萬時時. 請益. 若無將祖師. 做工夫之言語. 看一遍如親見.
將祖師做工夫之言語. 看一遍. 如親見. 相似. 而令此道. 難
得其人. 千萬向前望汝. 早早打破漆桶歸來. 爲我揩背. 至囑
至囑.

모름지기 용맹심으로 정신을 차려 한낱 무자화두만을 들되 낮이나 밤이나 저와 더불어 붙들어 보라. 일없는 갑 속에 앉아 있어도 안 되고, 또한 방석 위에 죽은 듯이 앉아 있기를 고집해서도 안 된다. 반드시 활발히 산 공부를 해야 한다. 혹 집 밖이 어지러이 일어날 때에 절대로 저와 싸우려고 해서는 안 된다. 싸우면 싸울수록 더욱 치성해진다. 많은 사람들이 이곳에서 나가야 할지 물러서야 할지 몰라서 벗어나지 못하고 바람 따라 그르치다가 한평생을 그릇되게 버리고 만다. 모름지기 어지러이 일어나는 곳을 향하여 잠깐 놓아버리고 한 번 몸을 옮겨 바닥에 내려 한 번 표행하고, 다시 선상에 올라 두 눈을 뜨고 두 주먹을 쥐고 등뼈를 곧추세워 전과 같이 화두를 들면 문득 시원함을 느끼게 될 것이니 한 냄비의 끓는 물에 찬 바가지를 끼얹는 것과 같다. 다만 이와 같이 공부하되 세월이 오래되면 자연히 집에 이를 때가 있을 것이다. 공부가 잘되지 않더라도 번뇌심을 일으켜서는 안 된다. 번뇌마저 마음에 들어올까 두렵다. 공부가 조금 잘되더라도 환희심을 일으켜서는 안 된다. 환희마저 마음에 들어올까 두렵다. 갖가지 병통을 말로는 다 할 수 없다. 대중 가운데 구참선달이 있거들랑 간곡히 때때로 가르침을 청하고, 만약에 없거든 조사님들이 공부하던 말씀을 다시 한번 보면 조사님을 직접 뵌 것과 마찬가지다. 이제 이 도에 있어서는 그 사람을 만나기 어려우니 무턱대고 앞으로 나아가라. 그대가 빨리 칠통을 타파하고 들어와 나의 등을 밀어주기를 기대한다. 간곡히 부탁한다.

　　무자화두無字話頭로 칠통漆桶을 타파하라 하셨다. 칠통은 중생의 미혹迷惑을 상징하는 말이다. 깨닫지 못하면 무명無明 속에서 살기 때문에 캄캄한 밤중과 같다. 그 어둠의 무명심無明心을 벗어나라는 말씀이다. 이 절 저 절로 행각을 하지만 무자화두를 놓지 말고 촌음을 아껴 간절하고 절실하게 공부를 하라고 당부하신 말씀이다.

공부가 잘되어도 기뻐할 것이 없고, 공부가 되지 않아도 고민할 것 없이 그저 무자화두 하나만 붙들고 늘어지면 된다는 말씀이다. 혹 대중 가운데 구참납자가 있으면 시시 때때로 가르침을 청하고, 그러한 납자가 없으면 조사 어록을 보고 마음공부를 하라고 한 것이다.

선방에서는 도반道伴이 반성불半成佛이라 했다. 선지식善知識이 없으면 선우善友도 좋다.

화두참선 자는 화두 하나에 목을 매어야 한다. 죽을 각오로 화두에 몰입해야 한다. 그러다 보면 '아' 하는 때가 온다. '아' 하는 때는 칠통을 타파하는 때다. 칠통이 타파되는 때는 돈오頓悟의 때다. 돈오는 견성성불見性成佛이다. 그때까지 화두참선 자는 죽자 살자 무자화두에 몰입해야 한다.

第九節

蒙山和尚 法語

一項 삼 년 간만 죽자 살자 챙겨라

若有來此. 同甘寂寥者. 捨此世緣. 除去執着顚倒. 眞實爲生
死大事. 肯順庵中規矩. 截斷人事. 隨緣受用. 除三更外不許
睡眠. 不許出街. 不許赴請. 未有發明. 不許看讀. 非公界請.
不許閱經. 如法下三年工夫. 若不見通宗. 山僧替入地獄.

몽산화상이 대중에게 주신 말씀이다.

만약에 이 곳에 와서 나와 함께 고요함을 즐기려고 한다면
세상 인연을 다 버리고 집착과 뒤바뀐 생각을 버려라. 진실
로 나고 죽는 일을 위해서는 암자의 규칙을 잘 따르며, 인
사를 딱 끊고, 먹고 입는 것을 인연 따라 하라. 밤 11시 이
전에는 자지 말며, 거리에도 나가지 말고, 초청에도 응하지
말라. 예식 때가 아니면 경전도 보지 말라. 여법하게 삼 년
동안 공부를 하였으나 만약 견성하여 종지를 통달하지 못하

면 내가 그들을 대신하여 지옥에 가겠다.

몽산화상이 대중에게 법문을 하셨다. 몽산화상께선 모든 대중들은 참선공부를 하려면 우선 첫 번째가 세상과 인연을 끊으라고 하셨다. 세상 인연에 연연하면 큰 공부를 할 수가 없기 때문이다.

그래서 출가出家라 했다. 세속의 집을 나왔다는 말이다. 몸이 출가를 했으면 마음도 출가를 해야 한다. 마음속에 세상 인연과 연연하지 않는 것이 마음 출가다. 그렇다면 출가의 목적이 무엇인가. 생사대사生死大事를 해결하기 위해서다. 어째서 생사대사라 하였는가. 태어나도 태어난 곳을 모르고, 죽되 죽어 가는 곳을 모르니까 이것이 큰일이다. 온 곳도 모르고 가는 곳도 모르니까 나고 죽는 일이 큰일 중에 큰일이다. 생사의 문제를 해결하기 위해서는 수행을 해야 한다.

화두참선을 하려면 화두를 들어야 한다. 화두는 조실스님이나 큰 선지께 타야 한다. 화두를 탔으면 참선 공부를 할 장소, 절이 있어야 한다.

절집마다 각기 다른 종풍과 종규가 있다. 몽산회상에 왔다면 몽산 가풍을 따라야 한다. 먹고 입고 자는 것은 그 곳 형편에 따라 먹고 자야 한다. 잘 먹고 잘 입고 잘 살기 위해서 출가한 것이 아니다. 마음불성을 깨닫기 위해서 출가한 것이다.

몽산 가풍은 삼경 전에는 자지 말고, 누가 초청을 해도 가지 않으며, 거리에 나아가 돌아다니지도 않고, 깨닫기 전에는 경도 보지 않으며, 화두 하나로 삼 년 동안 죽자 살자 공부하는 것이다.

그렇게 수행정진 하였는데도 확철대오를 못하면 몽산화상이 대중을 대신하여 지옥고통을 받겠다고 공언하셨다.

몽산화상의 공언은 확신에 찬 말씀이다. 화두참선은 만사 제쳐 놓고 오로지 화두 하나에 매달려야 한다. 자나 깨나 앉으나 서나 죽자 살자 화두에 몰입해야 한다. 삼 년 동안 그렇게 해도 깨닫지 못하면 몽산화상이 책임을 지겠다고 하셨다. 믿고 한 번 해볼 일 이다. 선지식은 거짓말을 하지 않는다.

第十節

古潭和尙 法語

一項 다 함께 부처가 되어라

若欲參禪. 不用多言. 趙州無字. 念念相連. 行住坐臥. 相對
目前. 奮金剛志. 一念萬年. 回光返照. 察而復觀. 昏沈散亂.
盡力加鞭. 千磨萬鍊. 轉轉新鮮. 日久月深. 密密綿綿. 不擧
自擧. 亦如流泉. 心空境寂. 快樂安然. 善惡魔來. 莫懼莫歡.
心生憎愛. 失正成顚. 立志如山. 安心似海. 大智如日. 普照
三千. 迷雲散盡. 萬里靑天. 中秋寶月. 湛徹澄源. 虛空發焰.
海底生烟. 驀然磕着. 打破重玄. 祖師公案. 一串都穿. 諸佛
妙理. 無不周圓. 到伊麼時. 早訪高玄. 機味完轉. 無正無偏.
明師許你. 再入林巒. 茅庵土洞. 苦樂隨緣. 無爲蕩蕩. 性若
白蓮. 時至出山. 駕無底船. 隨流得妙. 廣度人天. 俱登覺岸.
同證金仙.

고담화상 법어.

만약 참선을 한다고 한다면 여러 말이 필요치 않다. 조주 무자화두를 생각생각에 이어서 가거나 멈추거나 앉거나 눕거나 간에 눈앞에 마주 대하라. 금강과 같은 굳은 뜻을 세워서 한 생각이 만 년 가게 하라. 광명을 돌이켜 스스로 비추어 살펴보라. 혼침이나 산란에는 힘을 다하고 채찍을 가해서 천 번 갈고 만 번 단련하면 더욱더 새로워질 것이다. 날이 오래고 달이 깊어지면 정밀하게 이어지게 될 것이다. 들지 않아도 저절로 들려지는 것이 마치 흐르는 물과 같아서 마음과 경계가 비고 고요하여 쾌락하고 편안할 것이다. 선과 악의 마가 오더라도 기뻐하고 두려워하지 말라. 마음에 미움과 사랑을 일으키면 바른 생각을 잊고 미치광이가 될 것이다. 뜻을 세우기를 산과 같이 하고, 마음을 안정하기를 바다와 같이 하면 큰 지혜가 해와 같이 온 누리를 두루 비칠 것이요, 미혹의 구름이 다 흩어지면 만 리의 푸른 하늘에 가을달이 맑은 물에 사무칠 것이다. 허공에서 불꽃이 일고 바다 밑에서 연기가 나면 갑자기 맷돌 맞듯이 겹겹의 현관을 타파할 것이다. 조사님들의 공안을 한 꼬챙이에 몽땅 꿰며 모든 부처님의 미묘한 진리를 두루 원만치 않음이 없을 것이다. 이런 때에 이르러서는 일찌감치 덕 높은 선지식을 찾아 기미를 완전히 돌려서 바름도 치우침도 없게 해야 한다. 눈 밝은 스승이 그대를 허락하거든 다시 숲 속으로 들어가서 떳집이나 토굴에서 고락의 연을 따르되 함이 없이 자유롭게 하며 성품이 흰 연꽃과 같이 하라. 때가 되거든 산에서 나와 밑이 없는 배를 타고 흐름을 따라 미묘함을 얻어서 널리 인간과 천상을 제도하며 다 함께 깨달음의 언덕에 올라 함께 부처를 증득하라.

고담화상이 대중에게 법문하신 내용이다. 참선하는 사람은 여러 말 할 것이 없다. 참선은 말로 하는 것이 아니다. 정신을 집중하여 화두 하나에 몰입하는 것이 참선이다.

말이나 생각은 접어두고 무자화두無字話頭에 전념하라는 말씀이다. 화두참선을 하다보면 잠(혼침) 아니면 망상(도거)과의 싸움이다. 혼침과 도거가 다 떨어질 때 화두가 순일하게 된다.

앉아보면 안다. 말이 필요 없다. 실참실구를 해봐야 이 말이 실감이 난다. 화두話頭가 순일純一하게 되기가 얼마나 어려운가는 앉아서 참구해 본 자는 안다. 혼침이 올 때 혼침 경계에 휩쓸리면 화두는 남지 않는다.

도거가 올 때 도거에 빠지면 화두가 남지 않는다. 화두하는 마음보다 혼침, 도거심이 크기 때문에 두 경계에 빠지고 만다. 참선하는 자는 늘 깨어 있어야 한다.

혼침이 오면 혼침이 온 것을 바로 알아차려야 한다. 도거(망상)가 오면 망상이 온 것을 바로 알아차려야 한다. 혼침 도거 위에 무자화두를 올려놓고 의심하고 의심해야 한다.

처음에는 쉽지가 않다. 그러나 일구월심 정진하다보면 화두 한 생각만 남고, 마음이 적적성성 평정이 된다. 화두가 조금 순일하다고 기뻐할 것도 없다. 기뻐하는 그 생각이 희마喜魔가 된다.

화두가 잘 되지 않는다고 걱정할 것도 없다. 걱정하는 그 생각이 번뇌마煩惱魔가 된다. 우리 마음은 무시겁래無始劫來로 익혀온 업습業習이 남아 있다.

하루아침에 해결되는 것이 아니다. 그래서 수행修行이 필요하다. 수행하는 방법은 팔만사천八萬四千이 있다. 근기根機에 따라 수행하는 방법도 다르다.

그러나 여기서는 화두참선을 말하고 있다. 화두참선은 화두 하나에 정신을 집중하여 통일하는 수행방법이다. 화두 이외에 다른 생각은 마魔가 된다.

무자화두를 화두로 삼는 수행자는 무자화두가 집이 되어야 한다. 무자 속에서 앉고 자고 눕고 먹어야 한다. 무자를 떠나서는 안 된다. 자나 깨나 앉으나 서나 무자 속에서 살아야 한다. 무자화두를 타파할 때까지 오로지 무자화두 하나만 생각해야 한다. 무자화두를 깨닫고 나면 할 일이 남아 있다.

그것은 자도自渡가 돼 있으니 타도他渡다. 자기를 제도하고 중생도 제도해야 하기 때문이다. 중생제도는 밥값 내는 것이다. 그동안의 시은施恩에 보답하는 길이다.

第十一節

蒙山和尙 示惟正上人

석가 미륵도 종이다

五祖演和尙. 示衆云. 釋迦彌勒. 猶是他奴. 他是阿誰. 直下
悟徹. 道得諦當. 可以超脫分段生死. 更進竿頭闊步了大丈夫
事業.

몽산화상이 유정상인에게 주신 말씀.

오조법연화상이 대중에게 설법하시기를 석가와 미륵조차
그의 종이라고 하셨으니 그는 누구일까. 그 자리에서 사무
쳐 깨달아 이치에 맞게 이른다면 분단생사를 벗어나게 될
것이다. 다시 백자나 되는 장대 끝에서 한 걸음 더 내디더
야 대장부 일을 끝마치게 될 것이다.

오조법연선사五祖法演禪師는 원오극근선사의 스승이시며,
대혜종고선사와는 조손祖孫 간이다.

간화선看話禪을 제창한 종고선사의 할아버지 스님이다. 몽산화상이 하루는 유정상인에게 오조법연화상이 대중에 법문한 내용으로 인용하여 말씀하셨다.

석가모니 부처님도, 미륵 부처님도 오조법연의 심부름꾼 종이라 하셨다. 부처님을 종으로 부리는 오조법연스님은 누구인가. 그것을 알아차리는 것이 눈 밝은 수좌가 할 일이다.

이것 하나 깨닫고 나면 대장부가 해야 할 일을 다 마친 요사한 了事漢이라고 한다. 석가미륵釋迦彌勒도 유시타노猶是他奴라는 말 속에는 활안종사活眼宗師의 안목眼目이 숨어 있다.

모르며는 부처를 욕하는 소리다. 말 속에 말을 모르기 때문이다. 깨치고 나면 백척간두百尺竿頭에서 걸을 수가 있고, 분단생사分段生死도 끝이 난다. 출가장부出家丈夫가 할 일은 이것밖에 따로 없다.

부처를 종으로 부리는 오조법연선사의 당당한 뱃심을 보라. 당차지 않는가. 확신에 차 있지 않는가.

화두참선 자는 부처도 종으로 부리는 법연선사의 속을 봐야 한다. 법연선사의 속을 보려면 화두를 투과하여 깨닫는 방법밖에 없다.

화두를 깨닫고 나면 법연선사의 속도 손바닥 손금이다. 물을 것도 없으며 척 보면 척 안다. 뭐니 뭐니 해도 깨달은 길밖에 다른 방법이 없다.

二項 묘는 마음을 잘 쓰는 데 있다

惟正上座. 能悟徹也未. 否則急宣惺惺. 下眞實工夫. 如法參
究. 以大悟. 爲入門所謂參究者. 當疑釋迦彌勒是佛. 因甚猶
是他奴. 畢竟他是阿誰. 疑得盛. 却提撕他是阿誰. 廻光自看.
不要用心太緊. 緊則動色心生病. 不可太緩. 緩則忘却話頭.
入昏沈掉擧去也. 妙在善用其心. 發眞正信心. 捨盡一切世間
心. 惺惺密密提?. 於坐中. 最易得力.

유정상좌는 능히 사무쳐 깨달았는가? 마는가? 못 깨달았으
면 서둘러서 정신을 차려서 진실하게 공부를 하여 법답게
참구하되 큰 깨달음으로 입문을 삼아야 한다. 이르는바 참
구한다는 것은 마땅히 석가와 미륵은 부처님이신데 어찌하
여 그들조차 그의 종이라고 하였을까. 필경 그는 누구일까?
하고 의심해야 한다. 의심이 치성해지면 더욱 그는 누구일

까? 하는 의심을 붙들어서 빛을 돌이키고 스스로 살펴보아
야 한다. 마음 쓰기를 너무 조급하게 하지 말라. 조급하면
색심(심장)이 흔들려 병통이 생기게 될 것이다. 너무 늘어지
면 화두를 잊어버리고 혼침이나 도거에 빠지게 될 것이다.
마음을 잘 쓰는 데 묘가 있으니 참으로 바른 신심을 내어서
일체의 세간신심을 다 버리고 또렷또렷하고 정밀하게 화두
를 붙들어라. 좌선하는 중에 힘을 얻기가 가장 쉽다.

몽산화상은 유정상인에게 유시타노猶是他奴를 깨달았는
가, 깨닫지 못하였는가 하고 묻고 계신다.

만약 깨닫지 못하였다면 어째서 유시타노라고 하였는가 하고
참구하라고 하셨다. 몽산화상이 유정상인에게 준 화두가 유시타
노다. 유시타노는 석가 미륵도 종으로 부린다는 말이다. 부처님
을 종으로 부린다는 오조법연五祖法演의 속셈은 무엇인가다.

몽산화상이 유정상인에게 준 화두다. 화두를 준 몽산화상은 화
두공부를 하되 너무 조급하게 화급심을 내어서 당장 끝장을 보려
고 말라 하셨다.

마음이 급하면 심장이 박동을 친다. 심장 박동이 빨라지면 상
초에 열이 올라와서 머리가 무겁고 통증이 온다.

상열이 지속되면 몸이나 마음에 병이 들게 된다. 화두참선은
중생병衆生病을 치료하는데 있다. 중생을 병들게 하는 것은 화두
참선이 아니다. 중생이 용심用心을 잘 못하는 데 있다. 불교수행
은 중도실상中道實相에 있다. 중생은 말만 쫓는다.

화급심을 내지 말라고 하니까 이제는 너무 늘어지는 수가 있다. 늘어진다는 것은 게으름을 피우는 것을 말한다. 세월아 네월아 하고 너무 늘어져도 방일하기가 쉽다. 백년 인간사 눈 깜짝할 사이다.

그렇게 무상한 것이 우리 인생사다. 세월아 네월아 할 틈이 없다. 너무 게으름을 피우면 화두를 잊어버리기가 쉽다.

화두도 잊어버리고 잠이나 망상 속에 살기가 쉽다. 수행은 완급조절緩急調節에 있다. 마음을 너무 급하게 갖지도 말고, 그렇다고 너무 늘어지게 처지지도 말라는 말이다. 모든 것이 다 중도中道다.

마음을 잘 써서 화두 하나에 온 정신을 집중하여 자나 깨나 앉으나 서나 항상 화두로 일관해야 한다. 화두참선에 화두는 생명 줄이다. 생명 줄을 놓아 버리면 죽은 목숨이나 다름없다. 염라대왕이 눈앞에 나타나도 화두를 놓아서는 안 된다. 그것이 참 수행자의 모습이다.

三項 선정 중에도 화두는 놓지 마라

初坐時. 抖擻精神. 放敎身體端正. 不可背曲. 頭腦卓竪. 眼皮不動. 平常開眼. 眼睛不動則身心俱靜. 靜而後定. 定中却要話頭現前. 不可貪定而忘話頭. 忘則落空. 反被定迷. 無有是處. 定中得力易. 却要惺惺不昧. 忽有一切好惡境界現前. 都不要管他. 話頭分曉. 倏忽境界自淸.

처음 앉을 때에 정신을 바짝 차려 몸을 쭉 펴서 단정히 하고 등뼈가 굽어서는 안 된다. 머리를 곧추세우고 눈꺼풀을 움직이지 말고 평상시와 같이 눈을 떠라. 눈동자가 움직이지 않으면 몸과 마음이 고요해질 것이다. 고요해진 뒤라야만 선정에 들게 된다. 선정 가운데에 화두가 눈앞에 나타나야 한다. 선정에 맛 들어 화두를 잊어서는 안 된다. 화두를 잊어버리면 허무하게 떨어져 도리어 선정에 미혹될 것이다.

선정에만 미혹되면 옳지 않다. 선정 가운데 힘을 얻기가 쉬우나 또렷또렷하여 어둡지 않아야 한다. 홀연히 일체의 좋고 싫은 경계가 나타날 때가 있더라도 도무지 그것을 상관하지 말아야 한다. 화두가 분명해지면 순식간에 경계가 자연히 맑아진다.

처음부터 화두참선은 정신을 차려 화두에 집중하여야 한다. 좌선하는 자세부터가 곧게 하고 마음을 가다듬어 화두를 챙긴다. 허리를 쭉 펴서 척추와 등뼈를 곧게 세우고 눈을 지그시 감아 반쯤 뜨고 앞을 보되 코끝 반점을 주시하며 눈꺼풀과 눈동자는 움직이지 말아야 한다.

자세가 바르면 몸과 마음도 안정되기 쉽다. 몸과 마음이 안정이 되어야 선정에 들어가기가 쉽다. 마음이 고요해지면 머리도 상쾌해져서 최상의 기분이 된다. 그렇다고 고요한 마음경계에만 빠지면 안 된다.

화두참선은 어디까지나 화두가 참선의 근간 요체다. 마음만 고요해지고 화두가 들리지 않으면 안 된다.

화두가 없이 고요한 마음만 지속되면 혼침(잠)이 오기 쉽다. 마음이 적적한 가운데 화두는 성성이 들려야 한다. 화두가 없는 적적寂寂은 공空에 빠지기 쉽다. 적적한 공에 빠지면 절대로 안 된다.

마음이 적적공寂寂空해지면 무기공無記空에 떨어지기 쉽다. 그래서 대혜종고선사大慧宗杲禪師가 간화선看話禪(화두) 참구법參究法을 제창提唱하신 것이다. 화두참선은 적적성성寂寂惺惺을 근본으로 한다. 적적성성이 없는 화두참선은 혼침 아니면 도거다. 적적성성한 가운데 화두가 순일 무잡하게 들려야만 화두 공부가 제대로 되어가는 징조다.

천 생각 만 생각 중에도 화두는 성성적적하게 들어져야 한다. 끊기지 않고 화두가 자나 깨나 앉으나 서나 쭉 들려야 한다. 그렇게 하다보면 천 경계 만 경계가 화두 속에 다 녹아버린다. 화두가 큰 불무더기와 같아서 닿는 것마다 화두 속에 다 녹아버린다.

그것을 대혜종고선사는 오매일여寤寐一如라고 했다. 자나 깨나 화두가 한결같다는 말이다.

그대가 화두를 참구하는데 잠 속에서 화두가 들리지 않으면 아직은 멀었다. 오매일여도 되지 않는데 화두참선을 논해서 무엇하겠는가. 화두참선 자는 화두일여의 경계를 맛봐야 한다.

오매일여도 되지 않는 주제에 간화선을 시비하지 마라. 옛 선지식은 사람을 속이지 않았다. 그대들이 아직 멀었기 때문이다. 더욱 정진을 요할 뿐이다.

四項 작은 깨달음에 만족치 마라

起定之時. 緩緩動身. 護持定力. 於動用中. 保持得話頭. 有疑提撕. 不用力綿綿密密. 無有間斷時. 工夫漸漸成片. 得如澄秋野水. 湛湛淸淸. 縱有風動. 並是淸波. 到如是時. 大悟近矣. 却不得將心待悟. 不要求人穿鑿. 不要思量卜度. 不要求解會. 但提話頭看. 若其他公案有疑. 及經典上有疑. 攝歸來他是阿誰上看. 衆疑逼發. 築着磕着. 囨地一聲. 正眼開明. 便能下得到家語. 投機語. 箭鋒相拄語. 識得差別機緣. 前來所有一切疑礙. 氷消無餘. 法法圓通. 得昇堂已. 切忌小子. 更來指汝進步入堂. 了徹大事.

선정에서 일어날 때는 천천히 몸을 움직여 선정의 힘을 보호하고 지켜야 한다. 움직임 속에서도 화두를 지녀서 의심을 붙들어야 한다. 힘을 쓰지 않아도 정밀하게 이어져서 끊어짐이 없을 때라야 공부가 점차로 한 조각을 이루어서 마치 맑은 가을에 들물이 맑고 깨끗하여 비록 바람이 불더라도 온통 맑은 물결인 것과 같을 것이다. 이와 같을 때에 이르면 큰 깨달음이 가까이 온 것이다. 모쪼록 마음을 가져 깨달음을 기다리지 말고, 남이 설파하여 주기를 구하지도 말고, 생각으로 헤아리지도 말고, 풀이하고 이해하여 알기를 구하지도 말고, 다만 화두만 들어 살펴보아라. 만약 딴 공간에 의심이 있거나 경전의 말씀에 의심이 있거든 몽땅 뭉뚱그려 그는 누구일까 하는데 가져다 살펴보아라. 뭇 의심이 다그쳐 핍박할 때에 댓돌 맞듯이 확하는 소리에 바른 눈이 열려 밝아지면 문득 집에 이른 말과 기연에 맞는 말과 화살과 화살촉이 서로 맞듯이 말을 하게 되어 차별 기연을 알아서 전에 있던 일체의 응어리가 얼음 녹듯이 하여 남음이 없게 되어서 법마다 다 통달할 것이다. 당에 오를지라도 부디 작은 깨달음에 만족하지 말고 다시 오너라. 그대에게 지시하여 더욱 나아가 실에 들어서 일대사를 사무쳐 깨닫게 하겠다.

선정에 들어갈 때도 몸과 마음을 정중하게 해야 하지만 선정에서 나올 때도 몸과 마음을 여법하게 신중을 기해야 한다. 참선은 입정출정入定出定 때도 화두를 놓는 것이 아니다.

화두는 한시도 놓아서는 안 된다. 자나 깨나 앉으나 서나 항상 무하고 화두 속에서 살아야 한다. 화두를 놓아버리고 딴생각에

빠지면 화두참선이 아니다. 화두가 나이고 내가 화두가 되어야
한다.

경거망동할 틈이 없다. 몸이 움직여도 움직임 속에서 화두가
끊어지지 않아야 한다. 마음이 움직여도 움직이는 마음속에 화두
는 성성적적하게 들려야 한다.

화두참선 자가 화두를 떠나서는 살 수가 없다. 화두참선을 하
다 보면 잡념망상이 일어나지 않고 화두 한 생각만 남을 때가
있다. 그때는 몸과 마음이 최상이다. 최상인 그 경계에 만족치
말라.

화두참선은 화두 타파에 목적이 있다. 확철대오가 화두참선의
목적이다. 깨닫지 못한 경계는 최고의 선정이라고 해도 아무 소
용이 없다. 깨달음이 참선의 목적이다. 이 점을 수행자는 명심해
야 한다.

第十二節

蒙山和尙 示聰上人

천만 가지 의심이
한 가지 의심이다

黃檗見百丈. 擧再參馬祖機緣. 便吐舌是得百丈力耶. 得馬祖
力耶. 巖頭見德山一喝. 便禮拜. 是知恩耶. 報恩耶. 又答洞
山語云. 我當時. 一手擡一手掇. 那箇時他擡掇處. 見徹二老
骨髓者. 便好着一轉語. 截斷諸方舌頭. 許汝得入門己. 其或
未然. 急宜參究. 若涉參究. 便論工夫. 直須依本分. 如法始
得. 當於本參公案上. 有疑大疑之下. 必有大悟. 千疑萬疑.
倂作一疑. 於本參上取辦.

몽산화상이 총상인에게 주신 말씀.
황벽이 백장스님께 마조스님께서 두 번째 참문하였던 기연
을 말씀하신 것을 보자. 문득 혀를 쏙 내밀었으니 이는 백
장의 힘을 얻는 것인가? 마조의 힘을 얻는 것인가? 암두가
덕산의 할소리를 당하여 문득 절을 하였으니 이는 은혜를

아는 절인가? 은혜에 보답하는 절인가? 또 암두가 동산의 말씀에 답하기를 내가 그때에 한 손은 들고 한 손은 내렸다 하였으니 어떤 것이 그가 들어올리고 내린 곳인가. 두 노장 스님의 골수를 꿰뚫어 보았다면 얼른 한마디 일러서 제방의 혓바닥을 끊어버리면 그대가 문안에 들어섰다고 하려니와 만약 그렇지 못하면 서둘러서 참구해야 한다. 만약 참구하 는데 들어섰다면 이내 공부하는 법을 말하겠다. 곧바로 본 분에 의지하여 여법하게 해야만 옳다. 본래부터 참구하는 공안을 의심해야 한다. 큰 의심 끝에 큰 깨달음이 있다. 천 가지 만 가지 의심을 한 의심에 뭉뚱그려 본래부터 참구하 던 공안 위에 끝장을 보아야 한다.

　몽산화상이 총상인에게 주신 법문이다. 황벽선사가 백장 스님과 마조스님의 참견한 기연을 보고 혓바닥을 쏙 내민 것이 백장스님의 힘을 얻는 것인가? 아니면 마조스님한테서 힘을 얻는 것인가? 하고 물었다.

　또 암두스님이 덕산스님의 할소리를 듣고 절을 넙죽하였는데 은혜를 알고 하는 절인가? 은혜를 갚으려고 하는 절인가? 하고 물 으셨다. 선지식을 찾아온 수좌를 보면 그 수좌의 안목을 점검하 는 것이 선방조실스님의 통례다.

　무엇을 물어도 척척 답하는 것이 공부한 납승의 경계다. 몽산 화상도 백장스님 · 마조 · 암두 · 덕산의 일화를 들어 총상인의 안 목을 점검하고 계신 것이다.

하나를 모르면 아는 것은 하나도 없다. 세상만사가 다 하나의 이치에서 나왔기 때문이다. 모르면 쥐어줘도 모른다. 그것이 선문답이다.

선문답은 안목을 갖춰야 척척 답이 나온다. 모르는 것은 당연한 이치다. 몽산화상이 총상인을 점검하고 모르겠으면 참구하던 화두를 간절하게 공부하라고 말씀하신 것이다. 천 가지 만 가지 의심도 한 의심 속에 있다. 한 의심을 타파하면 천만 가지 의심이 다 풀린다. 몽산화상의 후학을 위하심이 간절하시다.

二項 화두를 의심하지 않는 것이 병이다

若不疑言句. 是爲大病. 仍要盡捨諸緣. 於四威儀內. 二六時中. 單單提箇話頭. 廻光自看. 若於坐中得力. 最多坐宜得法. 不要瞠眉努目. 遏捺身心. 若用氣力則招病苦. 但端身正坐. 平常開眼. 心身境界. 不必顧着. 或有昏沈掉擧. 着些精彩. 提擧一二聲話頭. 自然諸魔消滅.

　만약 화두[言句]를 의심하지 않으면 이것이 큰 병통이다. 그리고 모든 반연을 없애버리고 네 가지 위의와 하루 24시간 중에 외곬으로 화두를 들어 광명을 돌이켜 스스로 살펴보아라. 좌선하는 데서 힘을 얻을 경우가 가장 많다. 좌선하여 법을 얻을지언정 눈알을 굴리거나 눈썹을 부릅떠서 몸과 마음과 바깥경계를 돌아보지 말아야 한다. 몸과 마음을 억눌러서 만약 기력을 쓰면 병고를 부르게 된다. 다만 몸을 단정히 하고 바르게 앉아서 평소와 같이 눈을 뜨고 몸과 마음과 경계를 돌아보지 말고 혹 혼침과 도거가 있거든 정신을 바짝 차려서 한두 번 소리를 내어 화두를 들면 자연히 모든 마장이 사라지게 될 것이다.

화두는 의단疑團이다. 의심 덩어리가 화두다. 화두는 의심을 해야 들린다. 화두의 생명은 의심이다. 의심을 해야 할 화두를 의심하지 않는 것이 병통病痛이다. 의심이 가지 않는 것은 절실하지 않기 때문이다. 간절하고 절실하지 않기 때문에 의심해야 할 화두를 의심하지 않는 것이다.

화두참선은 목에 가시가 걸린 것같이 절박해야 한다. 삼킬 수도 없고 뱉을 수도 없는 것이 목에 걸린 가시다. 캑캑 대봐도 목에 박힌 가시는 나오지를 않는다. 화두도 목에 가시처럼 딱 걸려야 한다. 목에 박힌 가시는 빼내야 음식을 먹을 수가 있다.

목에 놓아두고는 편치가 않다. 화두참선도 마찬가지다. 인생 문제에 있어서 화두는 목에 걸린 가시와 같다. 빼내는 것이 절실하다.

화두도 마찬가지다. 화두도 타파해야만 한다. 타파되지 않는 화두는 목에 가시다. 화두 의단은 천 생각 만 생각을 녹이는 용광로와 같다. 화두 하나로 똘똘 뭉칠 때 화두 공부는 되어가는 중이다.

화두는 놓치면 안 된다. 놓치면 혼침 아니면 도거가 쳐들어온다. 혼침 도거는 마음에 틈이 생긴 징조다. 마음에 틈이 생기면 잡념 망상에 휩싸이게 된다. 잡념 망상은 화두참선에서 넘어야 할 산이다.

하루 24시간 오로지 화두 속에서 살아야 화두참선이다. 처음에는 잘 되지 않지만 절실한 마음으로 간절히 하다보면 옛 조사님들이 말해 놓은 화두일여—如의 경계가 온다.

화두가 일여한 것은 잡념 망상이 다 쉬었다는 증거다. 화두참선 자가 화두일여의 경계도 맛보지 못하였다면 그것은 화두참선을 잘 못한 것이다.

三項 허무와 고요함에 빠지지 마라

眼定而心定. 心定而身定. 若得定時. 不可以爲能事. 或忘話
頭. 沈空滯寂. 不得大悟. 反爲大病. 吾祖西來. 單提直指. 以
大悟爲入門. 不論禪定神通. 此是末邊事. 若於定中. 得悟明
者. 智慧却能廣大. 水陸並進也. 工夫若到濃一上琰一上. 無
滋味時. 正好進步. 漸入程節. 切不可放捨. 惺惺便入靜. 靜
而後定. 定名有名: 有邪有正. 宜知之.

눈이 안정되면 마음이 안정되고, 마음이 안정되면 몸이 안
정될 것이다. 만약 선정을 얻을 때는 그것(선정)으로써 능사
를 삼아서는 안 된다. 혹 화두를 잊어버리면 공에 빠지며
고요함에 떨어져서 큰 깨달음을 얻지도 못하고 도리어 큰
병이 된다. 달마대사가 서쪽에서 오셔서 외곬으로 바로 가
리키는 것만을 주창해서 큰 깨달음으로써 입문을 삼고 선정

이나 신통을 말씀하지 않았으니 이것은 그것이 하찮은 일이기 때문이다. 만약 선정 가운데에 밝게 깨달으면 지혜가 광대해져서 물과 뭍을 마음대로 다닐 수가 있게 된다. 혹 공부가 어쩌다 잘 되기도 하고 안 되기도 하여 아무 재미가 없을 때에 이르거든 바로 더욱 나가서 점차로 고비에 들어가야 하는 것이니 간절히 바라건대 놓아버리지 마라. 성성하면 곧 고요함에 들어가게 되고, 고요한 뒤라야 선정을 이루게 된다. 선정에도 저마다 이름이 있다. 바른 선정도 있고 삿된 선정도 있으니 마땅히 알아두어야 한다.

화두를 들다보면 마음이 고요해져서 정신이 상쾌해지고 몸이 가벼워짐을 느낄 때가 있다. 참선자의 모양만 봐도 그가 자는지 망상을 피우고 있는지 금방 알 수가 있다.

마음이 고요하게 평정이 오면 눈동자가 안정이 된다. 눈동자가 안정이 되는 것은 마음이 선정에 들어갔음을 알 수가 있다. 몸이나 마음이 안정되었다고 좋아할 일은 아니다.

화두참선은 선정도 중요하지만 화두가 순일 무잡하게 들려서 자나 깨나 항상 화두삼매 속에 사는 것이 더욱 중요하다.

선정을 얻었다고 화두가 성성적적하게 들리는 것은 아니다. 화두참선은 화두가 생명이다. 화두는 타파하는데 목적이 있다. 화두를 타파하기 위해서는 단계가 있다. 우선 화두가 순일 무잡하여 오매 일여해야 한다. 자나 깨나 앉으나 서나 항상 일여—如해야 한다. 일여의 경계가 오래 지속되다 보면 '아' 하는 때가 온다.

'아' 하는 때는 바로 직지인심견성성불直指人心見性成佛하는 때다.
견성성불見性成佛은 화두참선의 구경목적이다.

四項 사당에 향로도 두 번째 고비다

起定後. 身心輕清. 一切處省力. 於動中打成一片. 却當仔細
用心. 趁逐工夫. 始終. 不離靜淨二字. 靜極便覺. 淨極光通
達. 氣肅風清. 動靜境界. 如秋天相似時. 是第一箇程節. 便
宜乘時進步. 如澄秋野水. 如古廟裡. 香爐相似. 寂寂惺惺.
心路不行時. 亦不知有幻身. 在人間. 但見箇話頭. 綿綿不絶.
到遮裡. 塵將息而光將發. 是第二箇程節. 於斯若生知覺心.
則斷純一之妙大害. 也無此過者.

선정에서 일어난 뒤에는 몸과 마음이 가볍고 맑아져서 모든
것에서 힘이 덜어져 활동하는 가운데 화두와 한 조각이 되
더라도 더욱 자세히 마음을 써야 한다. 공부를 해나감에 있
어서 처음부터 끝까지 고요 靜과 맑음 淨 두 글자를 떠
나지 말아야 한다. 고요함이 지속하면 곧 깨닫게 되고, 맑

음이 지속하면 광명이 통달하게 된다. 기상이 엄숙하고 풍채가 맑아서 움직이거나 고요한 두 경계가 마치 가을 하늘과 비슷해지는 것이 첫째 고비다. 이때에는 얼른 때를 따라서 더욱 나아가야 한다. 맑은 가을 물과 같으며 옛 사당 안에 있는 향로와 같아서 공부하면서도 또렷또렷하며 마음의 갈 길이 끊어졌을 때는 육신이 인간 속에 살아도 살아 있다는 사실마저 잊고 다만 끊임없이 이어지는 화두만 보게 될 것이다. 이 때에 바깥 번뇌는 쉬려 하고 안에 광명은 생기려고 하는데 이것이 바로 두 번째 고비다. 여기에서 만약 깨달았다는 마음을 내면 순일純—해진 묘妙가 끊어지게 될 것이니 큰 손해다.

화두참선 중에 나타나는 마음경계를 자세하게 말씀하고 계신다. 화두를 들지 않아도 순일 무잡하게 들릴 때는 몸과 마음이 가볍고 최상의 컨디션이 된다.

힘들여서 화두를 들지 않아도 화두가 성성적적하고 또렷하게 들린다. 힘이 하나도 들지 않는다. 이럴 때일수록 공부에 만전을 기해야 한다.

대혜종고선사는 이런 경계를 생력처省力處가 곧 득력처得力處라고 하셨다. 화두공부가 힘이 덜 들 때가 곧 힘을 얻을 수 있는 때라고 했다. 참선공부도 득력得力을 해야 한다. 힘을 얻어야만 마지막 일각까지 밀어붙일 수가 있다.

화두를 드는 것은 마음에 일어나는 잡념 망상을 제거하기 위해서다. 마음에 번뇌 망상이 다 떨어지고 나면 마음이 마치 가을 하늘과 같이 맑고 깨끗하여 구름 한 점 없으면 옛 사당 안에 있는 향로와 같다고 했다.

마음이 고요하게 평정되었음을 상징한 말이다. 이럴 때는 인간 세상에 살면서도 살아있다는 사실마저 잊고 화두와 하나가 되어 자나 깨나 앉으나 서나 화두가 들린다. 이때를 놓치면 안 된다.

화두 공부는 이때부터 '아' 하는 순간까지 밀어붙여야 한다. '아' 하는 때는 돈오頓悟하는 때다. 돈오는 견성성불見性成佛이다.

깨달은 후 스승을 찾아라

動靜一如. 寤寐惺惺. 話頭現前. 如透水月華. 在灘浪中. 活
潑潑. 觸不散蕩不失時. 中寂不搖. 外撼不動矣. 是第三箇程
節. 疑團破正眼開近矣. 忽然築着磕着. 㗻地絶爆地斷. 洞明
自己. 捉敗佛祖得人憎處. 又宜見大宗匠. 求鍛鍊成法器. 不
可得小爲足. 悟後若不見人. 未免不了後事. 其害非一. 或於
佛祖機緣上. 有礙處. 是悟淺. 未盡玄妙. 旣盡玄妙. 又要退
步. 韜晦保養. 力量全備. 看過藏敎. 傳道諸書. 消魔多生習
氣. 淸淨無際圓明無礙. 始可高飛遠擧. 庶得光明盛大. 不辱
先宗.

움직이거나 고요하거나 간에 한결같고 자나 깨나 또렷또렷
해야 화두가 눈앞에 나타나게 될 것이니, 마치 물에 비친
달 그림자가 여울물 속에 팔팔 살아서 건드려도 흩어지지

않고 헤쳐도 없어지지 않는 것과 같다. 이때에 안으로는 고요하여 흔들리지 않고, 밖으로는 흔들어도 움직이지 않게 될 것이니 이것이 세 번째 고비다. 의심 덩어리가 깨지면 바른 안목이 열릴 때가 머지않았다. 홀연히 댓돌 맞듯 맷돌 맞듯이 쪼듯이 끊어지고 터지듯이 갈라지면 자기가 환희 밝아져서 부처님과 조사님들이 사람에게 미움을 받던 곳을 알게 될 것이다. 그렇지만 또한 큰스님을 찾아뵙고 단련해 주기를 청해서 큰 법기를 이루어야 하며, 조금 얻는 것으로써 만족해서는 안 된다. 깨달은 뒤에 만약 큰스님을 찾아뵙지 않으면 뒷일을 마치지 못함을 면치 못하게 될 것이니 큰 손해가 하나가 아니다. 혹 부처님이나 조사님들의 기연에 대해서 걸리는 곳에 있다면 이는 깨달음이 얕아서 현묘함을 다하지 못하였기 때문이다. 이미 현묘함을 다 하였으면 또다시 물러나서 자취를 감추고 보점하되 역량을 완전히 갖추어 일대장교와 유가·도가의 서적들을 다 보아 여러 생애의 습기를 녹여야 한다. 청정하여 끝이 없고 뚜렷이 밝아 걸림이 없어야 비로소 높이 날고 밀려 간다. 이렇게 되어야 광명이 성대해져서 옛 종풍이 욕되지 않게 된다.

화두가 순일무잡純一無雜해지면 의단疑團이 독로獨露하게 된다. 의단 독로는 화두 하나만 남는다는 말이다.

화두 속에서 자고 화두 속에서 일어난다. 이렇게 화두가 성성적적해지면 공부가 잘 되어 가는 징조다. 참선공부는 특히나 스승이 필요하다. 스승 없이는 큰 공부를 할 수가 없다.

눈 밝은 선지식의 검증이 필요하다. 깨닫고 나서도 마찬가지다. 깨친 후 보림保任도 눈 밝은 스승 밑에서 철저하게 검증을 받아야 한다. 선지식善知識은 명안종사明眼宗師다.

수행의 잘잘못을 척 보면 안다. 깨친 안목으로 제불조사의 기연을 살펴보되 아직도 의심이 남아 있으면 깨친 것이 아니다.

부처님 안목은 일체종지一切種智다. 우주실상宇宙實相을 여실하게 아는 지혜다. 우주실상을 하나도 남김없이 훤히 밝게 아시는 것이 부처님의 지혜다.

일체종지를 얻는 것은 견성성불見性成佛을 의미한다. 깨닫지도 못하고서 깨달았다고 하는 것은 사이비 선지식이다. 남은 속여도 자기가 자기는 못 속인다.

도망갈 곳이 없다. 대혜종고선사大慧宗杲禪師는 《서장》에서 자난은도自難隱逃라 했다. 숨을 내야 숨을 곳이 없다는 말이다.

 나쁜 업을 버려라

其或換舊時. 行履處未盡. 便墮常流. 更若說時似悟. 對境還
迷. 出語如醉人. 作爲似俗子. 機不識隱顯. 語不知正邪. 撥
無因果. 極爲大害. 先輩正之與邪. 大有樣子. 了事者. 生死
岸頭. 能易麤爲細. 能易短爲長. 以智光明解脫. 得出生一切
法三昧王. 以此三昧故. 得意生身. 向後能得妙應身信身. 道
如大海. 轉入轉深. 達磨有頌云. 悟佛心宗. 等無差互. 行解
相應. 名之曰祖. 更莫說宗門中. 有超佛越祖底作略. 聰上人
信麼. 信與不信. 向後自知.

혹 예전에 행위를 고치지 못하면 문득 보통 무리에 떨어져
말할 때는 깨달은 것 같으나 경계를 대하면 도로 미혹하여
하는 말은 술 취한 사람과 같으며 하는 것이 속인과 같아서
기틀의 숨고, 나타남을 알지 못하며, 말의 바르고 삿됨을

알지 못하고, 인과의 도리를 부정하게 되니 아주 큰 해독이 될 것이다. 선배들의 바르고 삿된 큰 본보기가 있다. 일을 마친 사람은 생사의 언덕에서 능히 거친 것을 바꾸어 곱게 하고, 능히 짧은 것을 봐주어 길게 하되 지혜의 광명과 해탈로써 일체의 법을 내는 삼매의 왕을 얻고, 이 삼매로써 의생신을 얻고, 나중에는 묘응신 신신信身을 얻게 될 것이니 도가 큰 바다와 같아서 들어갈수록 깊어질 것이다. 달마조사께서 송하기를 부처님의 마음을 깨달은 데는 아무런 차별이 없으나 행실과 견해가 서로 어우러져야 조사라고 한다하였으니 다시 종문에는 부처님과 조사님들을 뛰어넘는 방략이 있다고 말하지 말라. 총상인은 이 말을 믿느냐. 믿고 믿지 않는 것은 뒷날 스스로 알게 될 것이다.

숙처熟處는 방교생放敎生하고, 생처生處는 방교숙放敎熟이라는 말이 있다. 익숙한 곳은 놓아버려 생소하게 하고, 선 곳은 놓아서 익숙하게 하라고 했다.

화두참선 자가 마음에 새겨야 할 말씀이다. 마음 공부하는 사람은 마음이 하고자 하는 대로 하면 안 된다. 마음은 무시겁래로 익혀온 업습業習이다. 업業은 선업善業이든 악업惡業이든 간에 생사윤회生死輪廻의 씨앗이다.

그 씨앗대로 익숙한 악습은 놓아서 없게 하고, 선 곳은 지혜광명인 불성자리를 말한다. 불성자리는 악습을 놓아버리고 수행을 해서 익숙하게 하라는 말이다. 화두참선을 하다보면 자기가 자기를 알게 된다. 마음에 파도치는 업장이 얼마나 많은가를 본인 스스로 알게 된다.

업장의 파도는 가라앉히고 가라앉혀서 파도치지 않게 하라는 말이다. 화두공안 자체가 업장을 소멸시키는 방편도구다.

여기서 의생신은 뜻과 같아 마음대로 태어날 수 있다는 말이다. 중생衆生은 업보소생業報所生이지만 제불보살諸佛菩薩은 의생신意生身이다.

부처님이나 보살은 업보로 윤회하는 것이 아니라 원력願力으로 소생所生한다해서 의생신意生身이라고 한다. 뜻에 따라서 몸을 나툰다는 말이다. 중생은 업으로 태어나지만 부처님은 중생을 제도하기 위해서 원력으로 태어나신 것을 말한 것이다.

의생신을 얻었다는 것은 깨달아 부처가 부처가, 되었음을 말한 것이다. 이렇게 말한 것을 총상인은 믿는가, 믿지 않는가 하고 몽산선사는 다짐하여 묻고, 믿고 안 믿고는 깨닫고 난 후에는 알게 될 것이라고 법문을 마치신다. 선지식의 면모가 여실하다.

후학을 일깨우는 종사의 안목이 여법하다. 마음이 간절해야 한다. 그래야만 기천명 중에 한 개 아니면 반 개라도 얻을 수가 있다.

第十三節

休休庵主 坐禪文

一項 좌선은 욕망을 끊는 것이다

夫坐禪者. 須達乎至善. 當自惺惺. 截斷思想. 不落昏沈. 謂
之坐. 在欲無欲. 居塵離塵. 謂之禪. 外不放入. 內不放出. 謂
之坐. 無着無依. 常光現前. 謂之禪. 外撼不動. 中寂不搖.
謂之坐. 廻光反照. 徹法根源. 謂之禪. 不爲逆順惱. 不爲聲
色轉. 謂之坐. 獨幽則明愈日月. 化物則力勝乾坤. 謂之禪.
於有差別境. 入無差別定. 謂之坐. 於無差別智. 示有差別智.
謂之禪. 合而言之. 熾然作用. 正体如如. 縱橫得妙. 事事
無礙. 謂之坐禪. 略言如是. 詳擧. 非紙墨能窮.

휴휴암주 좌선문이다.

무릇 좌선이라는 것은 모름지기 지극한 선에 도달해서 스스
로 깨어 있고 깨어 있어야 한다. 온갖 사상을 끊어버리고
혼침(잠)에 떨어지지 않는 것을 좌라고 한다. 욕망 가운데

있으면서도 욕망이 없으며, 번뇌 속에 있으면서도 번뇌를 떠난 것을 선이라고 한다. 밖에서 들어오지도 못하고 안에서 쫓기지도 않는 것이 좌라고 하고, 머무름도 없고 의지함도 없어서 항상 광명이 눈앞에 나타나는 것을 선이라고 한다. 나쁜 경계나 좋은 경계나 간에 흔들리지 아니하고 소리나 빛에 따라 바뀌지 아니하는 것을 좌라고 하고, 어둠에 비춰면 해나 달보다 밝고 만물을 교화하면 하늘이나 땅보다 뛰어난 것을 선이라고 한다. 차별이 있는 경계에서 차별이 없는 경계에 들어가는 것을 좌라고 하고, 차별이 없는 법에서 차별이 있는 지혜를 보는 것이 선이라고 한다. 뭉뚱그려 말하면 치성하게 작용을 하되 바른 본체는 어엿하여 자재로 이 묘를 얻어서 일마다 걸림이 없는 것을 좌선이라고 한다. 간략히 말하자면 이와 같거니와 자세히 말하자면 종이와 먹으로도 다 말할 수가 없다.

좌선이 무엇인가를 극명하게 잘 밝혀 놓은 법문이다. 참선은 앉아만 있는다고 해서 좌선이 아니다. 앉아서 하는 참선이 좌선이다. 좌선은 참선 방법 중의 하나다.

좌선에서 힘을 얻기가 가장 쉽다. 힘을 얻는다는 것은 선정삼매를 말한 것이다. 앉은 목적은 지선至善에 이르기 위함이다. 지선은 불성佛性자리다. 지극히 청정무구한 본성本性자리를 말한다.

앉아서 무엇을 하는가. 마음에 삼독三毒을 없애기 위해서다. 삼독이 없어지면 선정삼매가 된다. 마음의 번뇌가 중생심이라면 중생심을 떠난 것이 선정삼매다.

바깥 육진경계六塵境界에 흔들리지 않고 마음이 고요하여 본심삼매本心三昧에 드는 것이 목적이다. 마음의 빛을 안으로 돌이켜 법의 근원을 사무쳐 깨달은 것이 선정삼매다.

좌선의 목적은 선정삼매를 이루기 위해서다. 선정삼매는 마음 불성 자리에 들어감을 말한 것이다.

좌선이라고 하는 것은 결국에는 중생을 부처로 만드는 수행방편 중의 하나다. 화두를 들면 화두참선이 되고, 염불을 하면 염불참선이 된다. 하는 방법은 달라도 목적하는 바는 중생이 부처가 되기 위해서다.

二項 큰 깨달음이 목적이다

那伽大定. 無靜無動. 眞如妙体. 不滅不生. 視之不見. 聽之
不聞. 空而不空. 有而非有. 大包無外. 細入無內. 神通智慧
光明壽量. 大機大用. 無盡無窮. 有志之士. 宜善參究. 急着
精彩. 以大悟. 爲入門. 団地一聲後. 許多靈妙. 皆自具足.
豈同邪魔外道. 以傳授. 爲師資. 以有所得. 爲究境者哉.

나가의 큰정은 고요함도 없고 움직임도 없으며, 진여의 미
묘한 본체는 생겨남도 없고 사라짐도 없다. 보아도 보이지
아니하고 들어도 들리지 않으며, 비었으되 빈 것이 아니고
있으되 있는 것이 아니다. 큰 것을 말하면 남김없이 둘러싸
고 작기로 말하면 아무것도 받아들이지 않는다. 신통과 지
혜광명과 수량과 큰 기틀과 큰 작용이 무궁무진하니 뜻있는
사람은 마땅히 잘 참구하여 급히 서둘러 정신을 차려서 큰

깨달음으로써 입문을 삼아야 한다. 와하는 외마디 소리 후에 허다한 영묘가 다 스스로 갖춰지게 될 것이니 어찌 사마외도가 서로 주고받음으로써 스승과 제자가 되며, 얻는 바가 있는 것으로써 궁극을 삼는 것과 같다.

나가대정那伽大定은 대용왕大龍王의 대정大定을 말한다. 나가那伽는 범어梵語(nāga)이며, 대정大定은 한역이다. 그러므로 나가대정은 범한梵漢의 복합어다. 대용왕大龍王의 대정大定을 말한 것이며, 부처님의 선정禪定을 말한 것이다.

화두참선을 해서 부처님의 대선정大禪定을 얻고 나면 우리 불성 자리는 유무有無를 떠났으며, 동정動靜도 떠나 있으되 있는 것이 아니고 비었으되 빈 것이 아닌 영묘한 지혜광명이 무궁무진 자유자재한 것을 몸소 체달하게 된다.

화두참선은 대오각성大悟覺性에 있다. 대오大悟는 견성성불見性成佛이다. 견성성불이 화두참선의 궁극적 목적이다. 여기서 와지일성吜地一聲은 어린아이들이 놀이하다가 서로 보고 '와' 하고 외치는 것을 말한다.

화두참선에서 와지일성吜地一聲은 '아' 하는 때다. '아' 하는 때는 구백구십구 리에서 일리를 넘어가는 소리다. 와지일성吜地一聲은 돈오頓悟하는 때다. 돈오는 견성성불見性成佛이다. 그때까지 화두참선 자는 화두를 놓아서는 절대로 안 된다.

第十四節

參禪警語（博山無異禪師）

一項 화두는 의심이다

示疑情發不起警語. 做工夫疑情發不起. 便欲尋行數墨. 檢計
文字. 廣求知解. 將佛祖言敎. 一串穿過. 都作一箇印子印定.
纔擧起一則公案. 便作道理會去. 於本參話頭上. 不能發起疑
情. 逢人難問. 着則不喜. 此是生滅心. 非禪也. 或隨聲應答.
竪指擎拳. 引筆疾書. 偈頌開示. 使人參究. 亦有意味. 自謂
得大悟門. 殊不知疑情發不起. 皆是識心使然. 若肯一念知作.
全身放下. 見善知識. 求箇入路則可. 不然生滅心. 勝久之則
成魔着. 殆不可救.

의정을 일으키지 못하는 납자에게 주는 글.
참선공부를 할 때 의심을 일으키지 못하는 이 중에는 옛 스
님들의 행적과 저서를 뒤적거려 이론을 점검하고 널리 지식
을 구하려는 무리들이 있다. 이들은 부처님과 조사의 말과

가르침을 하나로 꿰뚫어서 도장을 하나 만들어 놓고 그것을
잣대로 삼는다. 그러다가 공안 하나라도 들게 되면 곧 알음
알이도 따져 이해하려고 하고 본래 참구해야 할 화두는 의
심을 일으키지 않는다. 그러다가 만난 사람이 따져 물으면
달갑지 않게 여기게 되니 이것은 생멸심이지 선은 아니다.
또는 묻는 소리를 따라 응답해 주되 손가락을 세우기도 하
고 주먹을 들어 보이거나 붓을 들고 빠르게 게송을 지어 보
여주고 참구하도록 하여 그 속에 깊은 뜻이 있다고 말한다.
스스로 크게 깨닫게 하는 방편을 얻었다고 생각한다. 다만
이러한 것은 의정이 일어나지 않았다는 것을 까맣게 모르고
있는 것이다. 다 이런 것들은 모두 알음알이가 그렇게 만들
고 있는 것이다. 만약에 한순간에 잘못 되었음을 알려고 한
다면 모든 집착을 놓아버리고 선지식을 찾아 깨달음에 들어
가는 길을 찾아야 된다. 그러하지 않으면 생멸심만 커져 가
서 오래되면 마가 달라붙어 거의 구제할 수가 없게 된다.

   화두참선은 의심이 생명이다.

　화두참선 자가 의심이 없으면 헛 공부다. 화두는 의심이다. 의
심인 화두를 의심하지 않는 것은 화두참선을 하고 있지만 화두참
선이 아니다.

　상권에서 박산무이선사는 참선경어를 소개한 바가 있다. 이것
은 하권에 속하는 참선경어다. 구구절절이 후학을 위한 선사의
노파심이 담긴 법문이다.

혹 스승인 선지식이 없다고 해도 참선경어로 선지식을 삼는다면 바른 수행을 할 것이다. 참선하는 자는 화두 이외에는 생각할 것이 없다. 자나 깨나 앉으나 서나 항상 화두를 챙겨야 한다.

이론이나 논리로 선을 말해서는 안 된다. 선은 깨달음의 세계다. 깨침의 세계를 생각이나 말로 따진다면 선을 전혀 모르는 자다. 화두참선은 깨닫기 전의 사람이 참구하는 참선이다. 깨친 사람의 경지가 아니다.

깨치기 전에는 중생이다. 중생은 깨달은 부처가 되기 위해서 화두를 들고 참구하는 것이다. 참구하는 방법은 화두다. 화두는 의심이다. 의심해야 할 화두를 의심하지 않는 것은 병통 중에 병통이다.

二項 고요한 경계만 찾지 마라

做工夫. 疑情發不起. 於境緣上. 生厭離喜到寂静無人處坐去.
便覺得力. 便覺有意思. 纔遇着些動處. 心卽不喜. 此是生滅
心. 非禪也. 坐久則與静境相應. 冥然無知. 絶對絶待. 縱得
禪定. 凝心不動. 與諸小乘. 何所異哉. 稍遇境緣. 則不自在.
聞聲見色. 則生怕怖. 由怕怖故. 魔得其便. 由魔力故. 行諸
不善. 一生修行. 都無所益. 皆是最初不善用心. 不善起疑情.
不肯見人. 不肯信人. 於静謐處. 强作主宰. 縱遇善知識. 不
肯一念知非. 千佛出世. 其奈爾何.

참선공부를 할 때 의정을 일으키지 못하는 어떤 이들은 바
깥 경계에 대해서 싫증이 나서 떠날 마음이 생긴다. 고요한
곳을 좋아하여 사람이 없는 곳에 가서 앉아서 문득 힘을 얻
었다고 느끼고는 그 곳에 어떤 도리가 있다고 생각한다. 그

러나 조금이라도 시끄러운 경계를 만나게 되면 마음이 즐겁지 않게 되니 이것은 생멸심이지 선은 아니다. 오래 앉아 있다보면 고요한 경계에만 마음이 맞아 아득히 깜깜하여 아무런 지각도 상대도 없어진다. 비록 선정에 들었다 하더라도 마음이 응고가 되어 움직이지 않으면 스승과 무엇이 다르겠는가. 조그만 경계 인연을 만나면 곧 자유롭지 못하고, 성색聲色을 듣고 보게 되면 두렵고 무서워하는 마음을 내게 된다. 그 틈을 타서 마가 침입하게 되고 그 마력 때문에 모든 불선不善을 행하게 되니 일생동안 수행을 해도 아무 이익이 없게 된다. 다 이것은 애초부터 잘못된 마음으로 공부하고 의정을 제대로 일으키지 못하여 선지식을 만나 보지도 않고 선지식을 믿으려고도 않고 다만 조용한 곳에서 억지로 마음을 다스리고자 하기 때문에 일어난 것이다. 이런 사람은 설사 선지식을 만났다 하더라도 한 생각 잘못을 뉘우치려 하지 않으니 천부처님이 세상에 오셔도 그를 어찌 할 수가 없다.

초참자에게는 장소가 다소 연관이 있지만 구참납자에게는 장소가 문제 될 것이 없다. 장소가 조용한 곳이면 아무래도 시끄러운 곳보다는 공부하기에 쉬울 것이다.

그러나 조용한 곳만 찾는 것도 문제다. 선정은 마음에 평정이다. 마음이 쉬면 장소가 시끄러워도 문제될 것이 아무것도 없다. 장소 따라 얻어진 선정은 장소 따라 파정될 수 있기 때문이다. 선정은 장소가 문제가 아니다. 마음이 문제다. 마음에 선정을 얻으면 아무리 시끄러운 곳에서도 선정에 들 수가 있기 때문이다.

그래서 옛 조사님들께서도 정처공부靜處工夫보다는 요처공부鬧處工夫가 더 수승殊勝하다고 했다. 시끄러운 곳에서도 자유자재로 선정에 들어가야 한다. 화두참선은 정처요처靜處鬧處가 문제될 것이 없다.

문제는 의심이다. 화두를 얼마만큼 몰입하여 의심하고 있느냐가 문제다. 화두에 의심이 가지 않으면 아무리 조용한 곳에서도 화두는 들리지 않기 때문이다.

화두참선 자가 화두를 망각하면 천불 만불이 오셔도 어찌할 수가 없다. 화두참선은 의심이다. 의심이 얼마만큼 크냐가 문제다. 의심이 크면 클수록 화두참선은 잘되는 것이다. 화두참선은 의심이 문제다. 장소가 문제가 아니다. 화두참선 자는 이 점을 명심해야 할 일이다.

망념으로 망념을 누르지 마라

做工夫. 疑情發不起. 將情識妄想心遏捺. 令妄心不起. 到無
起處. 則澄澄湛湛. 純淸絶點. 此識心根源. 終不能破. 於澄
湛絶點處. 到作箇工夫理會. 纔遇人點着痛處. 如水捺葫蘆相
似. 此是生滅心. 非禪也. 蓋爲最初. 不肯參話頭起疑情.
縱遏捺得身心不起. 如石壓草. 若死得識心. 成斷滅去. 正是
落空亡外道. 若斷滅不去. 逢境緣時. 卽引起識心. 於澄湛絶
點處. 便作聖解. 自謂得大悟門. 縱則成枉. 着則成魔於世法
中. 誑妄無知. 便起深孽. 退人信心. 障菩提道.

참선 공부할 때 의정이 일어나지 않으면 정식 망상심을 가
지고, 망심을 억눌러 일어나지 못하게 하는 이들이 있다.
이렇게 망심이 일어나지 않는 경지에 이르면 맑고 고요하여
마음에 티끌 한 점 없기는 하다. 그것은 식심 근원은 깨뜨

리지 못한 것이다. 그리하여 맑고 고요하여 티끌 한 점 없는 그 경계를, 이치를 참구하는 것이라 여긴다. 겨우 사람을 만나 아픈 곳을 지적당하면 물 위에 뜬 호롱박을 누른 것과 같게 되니 이것은 생멸심이지 참선은 아니다. 대개 이런 것은 처음부터 화두를 참구하되 의심을 일으키지 않았기 때문이다. 설사 신심을 눌러서 일어나지 못하게 하더라도 마치 돌로 풀을 눌러 놓는 것과 같으며, 만약 알음알이를 끊어 단멸을 이루었다 하더라도 이것은 바로 단멸외도〔空無外道〕에 떨어진 것이다. 만약 단멸을 떨쳐버리지 못하면 바깥 경계를 만났을 때 다시 식심을 끌어 일으켜 맑고 티 없는 경지로 문득 성스럽다는 생각을 내며 스스로 확철대오하는 문을 얻었다고 여긴다. 이런 사람을 풀어놓으면 미치광이가 되고 세상에 나아가 무지한 사람들을 속일 것이다. 그리하여 깊은 재앙을 일으키고, 사람들의 신심을 물러나게 하며, 깨달음에 나가는 길에 장애가 되는 것이다.

화두참선은 화두가 핵심이다. 화두참선 자는 첫째가 의심이다. 의심이 없는 화두참선은 있을 수가 없다.

참선을 하다보면 천 생각 만 생각의 망상이 쉴 사이가 없다. 물결 파도 마냥 마음의 파도가 일어난다. 일어나는 망상을 억지로 떨쳐 버리려고 하지 말라. 떨쳐 버리려는 그 마음이 문제가 된다.

화두참선은 천 생각 만 생각 위에 든 화두를 올려놓고 그저 무심하게 어째서 무無라고 하였는가 하고 의심하면 되는 것이다. 망상을 망상으로 다스리려고 하는 것도 참선에는 장애가 된다.

망상을 망상으로 누르려고 하는 것도 돌로 풀을 눌러 놓는 것과 같다고 했다. 잠깐 동안은 눌려 있지만 풀은 다시 돌을 피하여 올라온다. 마음도 마찬가지다. 망상의 근원을 깨뜨려야 한다. 망상의 근원을 깨뜨리는 것은 망상이 망상인 것을 알아차리는 것이다. 화두참선은 의심하는 것이 화두참선이다.

의심이 빠지면 화두참선이 아니다. 천사량 만사량 위에 무자화두 無字話頭를 올려놓고 어째서 무無라 하였는가 하고 의심해야 한다.

의심하고 의심하다보면 의단이 커져서 순일 무잡하게 화두가 하나로 들린다. 화두일여一如가 오래 되다보면 '아' 하는 때가 온다. '아' 하는 때는 부처님이 샛별을 보고 도를 통하신 때다. 그때까지 화두참구 자는 일구월심 정진해야 한다.

四項 공空에 빠지면 안 된다

做工夫. 疑情發不起. 將身心器界. 悉皆空去. 空到無管帶處.
無依無倚處. 不見有身心. 不見有世界. 非內非外. 總是一空.
謂空便是禪. 謂空得去. 便是佛. 行也是空. 坐也是空. 空來
空去. 行住坐臥. 如在虛空中行. 此是生滅心. 非禪也. 不着
則成頑空. 冥然無知. 着則成魔. 自謂大有悟門. 殊不知與參
禪沒交涉. 若眞是個參禪漢. 發起疑情. 一句話頭. 如倚天長
劍. 觸其鋒者. 卽喪身失命. 若不如是. 只饒空得一念不起時.
只喚作個空無所知. 非究境耶.

좌선공부를 하는데 의정이 일어나지 않으면 자기 신심과 바
깥 경계를 모두 공이라 하고 텅 비어 아무 매일 곳도 의지
할 곳도 없는 경계에 다다라 자기 신심이 있는 것도 세계가
있는 것도 보이지 않고, 안도 아니고 밖도 아니라고 해서

모든 것이 하나의 공이 된다라고 하는 사람이 있다. 공空 이 것이 문득 선이라고 여기면서 이렇게 공해질 수 있으면 그 것이 바로 부처라고 말한다. 그리하여 길을 가도 공이고 앉아도 공이어서 오고 가는 것이 모두 공이다. 행주좌와行住坐臥 언제나 마치 허공 속에서 하는 듯 하게 되니 이것은 생멸심生滅心이지 선은 아니다. 집착하지 않으면 완공頑空[斷滅空]에 빠져 캄캄한 무지에 떨어지게 되고, 집착하면 바로 마魔가 되어서 자기 스스로 확철대오하는 방편을 얻었다고 착각한다. 다만 이런 것들은 참선과는 아무 상관이 없는 것들이다. 만약 참으로 참선하는 사람은 의정을 일으키고 의정일구 화두가 마치 하늘을 찌르는 긴 칼인 양 생각하여 그 칼날에 부딪치는 사람은 목숨을 잃어버린다고 여겨야 한다. 만약 이와 같이 하지 않으면 설사 공해져서 한생각도 일어나지 않는 경지를 얻었다 해도 그것은 다만 텅 비어 인식이 없는 상태일 뿐 완전한 공부는 아니다.

부처님께서도 초전법륜初轉法輪은 중생의 근기根機를 따라 유有를 설하셨다. 모든 중생이 나도 있고 세계도 있다고 집착執着하므로 방편상유方便上有를 전제로 하여 설법說法하셨다. 그러나 있다고 보는 것은 중생견衆生見의 전도몽상顚倒夢想이다.

대승시교大乘始敎인 반야부般若部에서는 21년간 공空을 설법하셨다. 중생은 유有라 하면 유에 집착하고 공空[無]이라 하면 공에 집착한다.

집착은 중생병衆生病이다. 우주실상宇宙實相은 유有도 무無도 아니다. 그러나 중생은 유 아니면 무에 늘 집착한다. 참선자도 마찬가지다.

마음을 찾다보면 마음의 실체가 공空함을 알고 우리 불성佛性자리는 공空이다 라고 집착하고 만다. 텅 비어 있는 그 공空이 우리 마음의 불성자리라고 착각하고 만다.

박산무이선사는 그 점을 염려하여 후학을 위하여 간절한 말씀을 하신 것이다. 법法의 실상實相은 무유정법無有定法이다. 일정하게 고정된 것이 없다.

이것이다 하면 법이 아니다. 저것이다 해도 법이 아니다. 법은 이렇다 하고 단정할 것이 없는 것이 법이다. 법이 그러하니 마음도 그렇다. 마음마음 하지만 마음이라는 정형定形이 없는 것이 마음이다.

그런 마음을 공空이라는 틀 속에 넣고 공이라고 단정하면 단정하는 그것이 집착執着이고 병통病痛이다. 집착은 착각이지 법의 실상은 아니다.

유무有無를 초월하고 유무에 즉卽한 것이 법의 실상이다. 마음도 마찬가지다. 있다 없다를 떠난 것이 마음이다. 그러나 있다 없다에 즉한 것이 마음이다. 요는 유무에 집착하는 것이 병통이다.

五項 식심으로 화두를 알려고 하지 마라

做工夫. 疑情發不起. 遂將識心揣摩. 把古人公案. 胡亂穿鑿
去. 謂是全提. 謂是半提. 謂是向上. 謂是向下. 是君是臣. 是
兼帶語. 是平實語. 自謂見解人所不及. 縱一一說得道理. 與
古人一口吐氣. 此是生滅心. 非禪也. 殊不知古人一語一言.
如嚼綿絮團. 使人吐不下. 吐不出. 豈肯與人生出幾多解路.
引起人識心耶. 若疑情發得起. 全身拶入去. 此解路識心. 不
待儞死去. 自然怗怗地.

참선공부를 하되 의정이 일어나지 않으면 식심(알음알이)으
로 헤아려서 옛 스님들의 공안을 어지럽게 천착한다. 이것
은 공안을 전부 들었느니 부분만 들었느니 이것은 향상구니
향하구니 한다. 또는 이것은 군君〔主〕이고, 이것은 신臣〔客〕
이고, 이것은 핵심적인 말이라고 하고, 이것은 부수적인 말

이라고 한다. 스스로 말하기를 알음알이로 이해하는 사람들로서는 미치지 못한다고 한다. 비록 낱낱의 도리를 옛사람들과 같이 설한다고 하더라도 이것은 생멸심生滅心이지 선은 아니다. 옛사람들의 한마디 한 말씀은 마치 솜뭉치를 씹는 것과 같아서 삼킬 수도 토할 수도 없으니 어찌 즐겨 사람들로 하여금 많은 해석과 알음알이를 이끌어 내도록 하겠는가. 만일 의정을 일으켜 온 몸으로 부딪쳐 들어갈 수 있다면 해석의 여지와 알음알이는 그것들이 없어짐을 기다리지 않더라도 자연히 잠잠해질 것이다.

천 번 만 번 말해도 화두는 의심하는 것이다. 화두를 쪼개고 따져서 알려고 하면 안 된다. 따지고 쪼개는 것은 식심이다. 식심識心은 잡념망상雜念妄想이다. 화두참선은 의심하는데 몰입해야 한다. 경이나 어록에 나오는 식견으로 화두공안을 해석해서는 절대로 안 된다.

알음알이로 해석하는 것은 사량선思量禪이지 화두참선은 아니다. 화두참선은 의정을 일으키는 것이 급선무다.

화두참선은 온몸과 마음이 의단疑團 덩어리가 되어야 한다. 자나 깨나 앉으나 서나 생각생각이 화두 하나로 뭉쳐야 한다. 그것이 화두참선의 진면목이다.

화두는 천 생각 만 생각을 하나로 뭉치는데 있다. 뭉치는 것이 상책이다. 몸과 마음을 하나로 뭉쳐야 하고, 나와 세계를 하나로 뭉쳐야 한다.

하나로 뭉치는 것만이 화두참선 자가 할 일이다. 처음에는 쉽지가 않지만 날이 가고 달이 가다보면 화두가 하나가 될 때가 있다. 화두가 하나가 될 때를 놓치지 말고 끝까지 밀어붙여야 한다. 여기서 말하는 의단疑團은 의심疑心을 말한다.

화두가 무자無字이면 무자를 의심해야 한다. 의심만이 화두참선의 참구방법이다. 따지고 쪼개는 것은 화두참선이 아니다. 화두가 순일하게 하나가 되면 마음이 고요하고 편안해진다. 식심인 알음알이가 쉰 증거다. 망상잡념이 다 떨어질 때 화두가 순일 무잡해진다.

六項 사대 오온이 주인공이라 하지 마라

做工夫. 疑情發不起. 將身心看破純是假緣. 其中自有一物往
來. 能動能靜無形無相. 於六根門頭. 放光動地. 散則邊周沙
界. 收則不立纖塵. 向這裏一認認定. 不肯起疑情. 不肯參究.
便謂了事人. 此是生滅心. 非禪也. 殊不知生死心不破. 將此
等爲決意. 正是弄識神. 一朝眼光落地. 便作不得主. 隨識神
牽引去. 隨業受報去. 若善業多. 則生在人間天上. 到四相五
衰逼將來. 便謂佛法. 無靈驗. 由此謗法. 隨在地獄餓鬼道中.
出得頭來知. 是幾多劫數. 以此觀之. 參禪全要見人. 若自作
主宰. 總用不着.

참선공부를 하되 의정을 일으키지 않도록 신심을 가져서 잠
깐 동안의 인연이라고 간파하는 사람이 있다. 그 가연 가운
데 오고가는 한 물건이 있어서 능히 움직이기도 하고 움직

이지 않기도 하고, 모양도 형상도 없다하면서 육근六根을 통해서 빛을 놓고 땅을 흔든다. 흩어지면 온 세계에 두루 하고 거둬들이면 털끝만큼도 세울 수가 없다. 그쪽에 하나의 도리가 있다고 하고 착각하고는 즐겨 의정을 일으키지도 않고, 참구 하지도 않으며 문득 일을 마친(깨달음) 사람이라고 생각하니 이것은 생멸심生滅心이지 선은 아니다. 생사심生死心을 파하지 못한 것을 알지도 못하고 이와 같은 생각으로 다 되었다고 만족하고 있으니 바로 말하자면 알음알이에 희롱당하는 것이다. 그러다가 하루아침에 눈빛이 땅에 떨어질 때는 주인공이 되지 못하고 알음알이가 끄는데로 데려가서 지은 업에 따라 과보를 받게 된다. 착한 업을 많이 지으면 인간이나 천상에 태어났다가 생주이멸生住異滅로 자기 자신과 환경이 모두 시들어 가면 곧 불법, 그것은 영혼이 없다고 여긴다. 이렇게 불법을 비방하면 지옥이나 아귀에 떨어져 있다가 그곳에서 나온 뒤에는 이미 수많은 세월이 흐른 것을 알게 된다. 이렇게 볼 때 참선하는 데는 오로지 바른 선지식을 만나야 하며 만약 스스로 공부를 이끌어 가는 경우라면 어디에고 집착해서는 안 된다.

불교는 유아有我가 아니라 무아無我다. 무아인 부처님의 가르침을 유아라고 착각하여 고집固執하는 것이 중생의 병통病痛이다. 법法의 실상은 본래本來가 무일물無一物이고 본래가 무아無我다. 부처님께서 삼법인三法印에 말씀하시기를 제행무상諸行無常하니 제법무아諸法無我라 했다.

모든 것은 변하여 항상 고정된 것이 없으니 모든 법은 고정불변한 아我가 없다했다. 아我의 실체는 무아無我다. 삼법인三法印은 제법실상諸法實相을 설파하신 말씀이다. 말씀도 보통 말씀이 아니다. 도장을 찍으신 확고부동한 말씀이다.

참선수행자는 삼법인의 말씀을 확실하게 믿어야 한다. 믿는 것은 그냥 믿는 것이 아니라 자내증自內證을 통한 증오證悟의 믿음이어야 한다.

그래야만 허상 도깨비에 홀리지 않는 수행자가 된다. 여기서 말하는 수행방법은 화두참선법이다. 화두참선은 의심하는 수행법이다. 그래서 의단疑團이라고 한다. 의단은 의심 덩어리라는 말이다.

공안화두公案話頭를 어떤 화두로 택하든지 간에 들고 있는 화두에 정신을 집중하여 화두에 몰입해야 한다. 집중은 화두에 생각을 멈추는 것을 말한다.

화두에 생각을 묶어놓고 의심하는 것이 화두참선법이다. 오는 경계마다 화두 한 생각에 묶는다. 악한 생각이 와도 선한 생각이 일어나도 무자無字화두를 어째서 무無라고 하였는가 하고 생각생각을 의심하는 화두에 묶어서 그치게 한다.

처음에는 잘되지 않지만 날이 가고 달이 가다 보면 화두 한 생각만 남는다. 잡념 망상이 다 떨어지고 화두 한 생각만 남는다. 자나 깨나 항상 화두 한 생각만 성성적적하게 들리게 된다. 말할 때도 화두가 들리고, 밥 먹을 때도 화두가 들리고, 깊은 잠에 들었을 때도 화두 한 생각은 또렷또렷하게 들리게 된다.

화두참선 자는 화두가 순일 무잡하게 들려야 한다. 닥치는 경계에 따라 화두가 끊기면 절대로 안 된다. 끊어진 화두는 화두참선이 아니다. 자나 깨나 항상 화두 속에 있어야 한다.

그러다 보면 '아' 하는 때가 온다. '아' 하는 때는 돈오頓悟하는 때다. 돈오는 견성성불見性成佛이다. 화두참선은 견성성불이 목적이다. 견성성불할 때까지는 화두를 놓아서는 안 된다.

七項 복 짓고 고행하는 것이 도가 아니다

做工夫. 疑情發不起. 便欲做有爲功行. 或做解脫. 或行苦行.
冬不爐. 夏不扇. 人來求衣. 便全身脫去. 甘心凍死. 謂之解
脫. 人來求食. 便自己不食. 甘心餓死. 謂之解脫. 更有種種.
不可具說. 總而論之. 皆是勝心所使. 誑惑無知. 彼無知者.
謂是活佛. 謂是菩薩. 盡其形命. 承事供養. 殊不知佛戒中.
謂之惡律儀業. 雖是持戒步步結罪. 又有一等. 燒身然臂. 禮
佛求懺. 謂之功課. 於世法中. 亦是好事. 參究分中當得甚摩
事. 古德云. 切莫向他機境上求. 謂禮佛是機境. 求懺是機境.
佛法中一切好事. 悉機境也. 不是敎儞. 不行此一切善事. 但
用心處. 此一切善事. 悉能助發. 滋培善根. 他日道眼忽開.
燒香掃地. 皆佛事耳.

참선공부를 하되 의정을 일으키지 않고 유위 공덕을 지어

해탈코자 하거나 혹은 고행을 하는 이가 있다. 겨울에도 불을 피우지 않고, 여름에는 부채질을 하지 않으며, 누가 옷을 구걸하면 몽땅 다 벗어주고 자기를 얼어죽이고 달갑게 여겨서 그것을 해탈이라고 하는 자가 있다. 또는 밥을 구걸하는 사람이 있으면 자기는 구태여 죽어도 달갑게 여기는 것을 해탈이라고 생각하는 자가 있다. 이러한 사례를 다 말할 수는 없으나 총괄해서 말한다면 다 뽐내려는 마음에서 나온 행위니 무지한 이들을 속이는 행위다. 저 무지한 자들이 그를 생불이니 보살이니 하면서 신명을 다해 받들고 공양하나 본인은 부처거나 계율 중에 이런 것은 악율의 법이라는 사실을 전혀 모르고 있는 것이다. 비록 계율을 지키고 있다고 하더라도 걸음마다 다 죄를 짓고 있는 것이다. 또 어떤 무리는 몸뚱이나 팔을 불로 태우고 예불 참회하는 것을 공부하는 일이라고 생각한다. 이런 것들은 세간 법에 있어서는 좋은 일이라 하겠으나 참구하는 불상에는 어디에 해당되는 일인가. 옛 스님이 말씀하시기를 절대로 다른 일에서 찾지 말라 하셨는데 예불도 딴 일이고 참회도 딴 일이라 한다면 갖가지 훌륭한 불사도 모두 딴 일이라고 해야 할 것이다. 그렇다고 그대들에게 이렇게 좋은 모든 일을 하지 말라고 하는 것은 아니다. 다만 한곳에 마음을 쓰다보면 이러한 모든 좋은 일이 의심을 일으키도록 돕고, 선근을 늘려서 다른 날에 홀연히 도안이 열리면 향 사르고 청소하는 일까지도 다 불사가 될 것이다.

화두 공부하는 사람은 화두참구가 전부다. 화두 이외의 일은 마음 쓸 시간이 없다. 화두참선을 시작했으면 화두만 생각해야 한다. 화두참구 자가 화두는 챙기지 않고 세상일에 마음을 쓰면 절대로 안 된다.

화두를 참구하는 것은 깨닫지 못하였기 때문에 참구하는 것이다. 깨달음이 목적이라면 깨달음을 얻을 때까지 다른 일에 신경을 써서는 안 된다.

화두는 의심하는 공부다. 생각생각이 의심으로 똘똘 뭉쳐야 한다. 의심이 빠진 화두참선은 참선이 아니다. 수행자가 빠지기 쉬운 함정이 있다. 첫째가 복을 짓는 공덕과 고행이다.

옷이 없는 자가 와서 옷을 달라고 하면 입고 있는 옷을 홀렁 벗어주고 얼어 죽더라도 기뻐한다. 먹고 있는 밥을 다 주고 자기는 굶어 죽더라도 마음으로 기뻐한다.

겨울에도 여름에도 불 때지 않고 부채질하지 않으면서 그것이 수행인 양 마음속으로 뽐내면서 수행상을 짓는다. 그런 것들은 수행이 아니다. 굶어죽고 얼어 죽고 나면 도와는 무슨 상관이 있겠는가.

부처님 도는 중도中道다. 중도가 부처님 가르침이다. 부처님께서도 처음에는 고행苦行을 하셨다. 그러나 고행이 도道가 아님을 아시고 나중에는 중도를 택하셨다.

극단極端으로 치우치는 것은 중도가 아니다. 편벽되고 지나침은 수행이 아니다. 수행자 중에는 고행이 도인 양 착각하여 수행자상을 짓는 자가 많다.

　상相을 없애는 것이 수행이다. 깨닫기 전에는 아무리 좋은 일이라고 하더라도 마음을 쓰지 말라. 깨닫고 나서 할 일이다. 깨닫고 나면 일거수일투족이 다 불사이고 불공이다. 복 짓고 공덕을 짓는 일을 하지 말라는 말이 아니다. 깨닫기 전에는 깨달음이 목적인 만큼 오로지 화두 하나에 전념하라는 말이다. 다른 곳을 생각할 틈이 없다는 말이다.

八項 세상일에 간여함은
무애행이 아니다

做工夫. 疑情發不起. 便欲散誕去. 便欲活潑去. 逢人則自歌
自舞自歡自樂. 或水邊林下. 吟咏笑談. 或市井街坊橫行直
撞. 自謂是個了事人. 見善知識開叢林. 立規炬. 或坐禪. 或
念佛. 或行一切善事. 則撫掌大笑. 生輕慢心. 謗瀆心. 自不
能行道. 障人行道. 自不能捧經禮懺. 障人諷經禮懺. 自不能
參禪. 障人參禪. 自不能開叢林. 障人開叢林. 自不能說法.
障人說法. 凡有善知識出世. 設幾個難問. 向人天衆前. 多答
一句. 多問一句. 喝一聲打一掌. 善知識. 見彼做鬼戲相似.
或不理會. 他便向人道. 某善知識. 不會這個道理. 苦哉苦哉.
此是生滅心. 勝久之. 則攝入魔道. 造無窮深孽. 受魔福盡墮
無間獄. 雖是善因而招惡果悲矣.

참선공부를 하되 의정을 일으키지 못하고 문득 한가하게 처신하거나 부산하게 움직이는 이들이 있다. 사람을 만나면 춤을 추고 노래하며 스스로 즐거워한다. 혹은 물가나 숲 속에서 시를 읊거나 담소하고 저잣거리를 이리저리 휘젓고 다니면서 자기 스스로를 공부 다 마친 도인이라고 생각한다. 그러다가 어떤 선지식이 총림을 열고 법도를 세워 좌선이든 염불이든 혹 어떤 수행이라도 하는 것을 보게 되면 손뼉을 치고 웃으면서 업신여기고 모독하려는 마음을 낸다. 스스로는 도를 닦지 않으면서 남의 도 닦는 일이나 방해하고 스스로 봉독하거나 예불 참회하지 않으면서 남이 하는 것을 방해한다. 또 자기는 참선하지 않으면서 다른 사람 참선하는 것을 방해하고, 스스로는 총림을 열고 설법하지 못하면서 남이 하는 것을 방해한다. 무릇 도인 한 분이 세상에 나왔다하면 어려운 질문을 몇 개 마련하여 대중이 다 모인 앞에서 하나하나 문답해 가며 더러는 할을 하기도 하고 손뼉을 한 번 치기도 한다. 그 선지식이 이것을 귀신 장난 같다고 보다가 간혹 그들의 말을 알아듣지 못하면 그는 곧 사람들에게 아무개 스님은 이런 소식도 알지 못하더라 하니 참으로 괴롭고 괴로운 일이다. 이것은 다 생멸심이 다투어서 그렇게 되는 것이니 오래되면 마도魔道에 포섭되어 한없는 깊은 재앙을 만들어서 마가 내리는 복을 받아 모두 무간지옥에 떨어지게 된다. 비록 이런 경우는 원인은 훌륭하나 형편없는 결과를 초래한 것이니 슬픈 일이다.

출가목적은 견성성불見性成佛에 있다. 성품을 보아 부처가 되다는 것은 그리 쉬운 일이 아니다. 피나는 노력과 뼈를 깎는 각고의 수행이 있어야만 한다. 일초 일분을 낭비할 틈이 없다.

그런데 출가한 수행자가 공부는 하지 않고 세상일에 다 간여하면서 콩 놓아라 팥 놓아라 한다면 문제 중에 문제다.

박산무이선사가 사는 그때에도 출가승 중에는 세상일에 사사건건 간섭하면서 시나 짓고 가무나 하고 노래하면서 무위도식하는 유랑잡승이 있었음이 틀림없다.

공부한 수행자가 안목이 열려 한회상에 선지식이 되어 법문을 하면 되지도 않는 소리로 법거량이나 하면서 선지식을 골탕 먹이고 업신여기니 이런 유랑잡승들이 갈 곳은 딱 한곳이 있다.

그 곳은 무간지옥이다. 출가는 수행에 목적이 있다. 수행을 목적으로 하는 수행자가 수행은 하지 않고 세상만사에 시비한다면 갈 곳은 무간지옥뿐이다. 그렇다고 세상일을 나 몰라라 하고 모르는 체 하란 말이 아니다.

세상을 구제하기 위해서는 우선 수행을 통해서 안목이 열려 확철대오한 뒤에 세상 속으로 뛰어들란 말이다. 그렇게 해도 늦지 않다. 눈이 열려야 길을 안내할 것이 아닌가. 눈감고 어떻게 남을 인도하겠는가. 눈뜨기 전에는 화두 속에서 살아야 된다. 화두 하나로 끝장을 내야 한다.

화두가 눈뜨는 약이다. 화두를 챙기다 보면 감겼던 눈이 활짝 열리게 된다. 눈이 뜰 때까지는 화두를 챙겨라. 눈감고 길을 인도할 수는 없다.

<h1>九項 대중처소를 떠나지 마라</h1>

做工夫. 疑情發不起.　覺得同衆人. 動止不便. 太拘束. 太煩
紊.　便欲向深山無人處.　住靜去.　或向一間房屋.　裏住靜去.
初則硬做去.　或一年二年.　一月兩月.　不見下落.　又有一等坐
得三兩日.　便坐不住.　或看書.　或散誕.　或做偈做詩.　或關門
打睡.　外現威儀.　內成流俗.　更有一等惡少年.　不識廉耻.　不
信因果.　潛行貪欲.　逢人則恣口肆意.　誑妄無知.　自言我曾見
善知識來.　我得上人法.　使無知者信受.　與彼通好.　或結爲道
友.　或招爲徒弟.　上行下効.　自不知非.　不肯返省.　不肯見人.
妄自尊大.　大妄語成.　此輩名爲可憐憫者.　今時厭大衆.　求私
室.　寧不寒心者哉.　若眞正學道人.　愼勿萌此念.　正好向衆人
中.　參究彼此警覺.　從不悟道.　決不陷到 這般田地.　學者.　不
可不警也.

참선공부를 하되 의정을 일으키지 못하고 대중과 함께 사는 것은 거동이 불편하고 구속이 심하여 매우 번거롭다고 느끼는 이들이 있다. 그리하여 사람이 없는 깊은 산으로 들어가서 조용히 머물고자 하며, 혹은 단칸 오두막을 찾아 고요하게 들어앉는다. 이들은 처음에는 주인공이 되어 눈을 딱 감고 마음을 굳게 먹으며 가부좌를 틀고 합장한 채 꼿꼿하게 공부해 간다. 혹 한 달 두 달 혹은 일 년 이 년 지나도 깨닫지 못하는 경우가 있다. 또 어떤 무리들은 앉되 작심삼일이어서 이삼 일이 지나면 벌써 앉아 있지 못한다. 그러다가 혹은 책을 보거나 한가롭게 놀기도 하며 노래나 시를 짓기도 한다. 그 중에는 아예 문을 잠그고 잠만 자는 이도 있으니 이런 자들은 겉모양은 어엿한 출가자이지만 내면은 속인과 다름없다. 또 어떤 형편없는 무리들은 염치도 모르고 인과를 믿지 않아서 몰래 탐욕을 행하며 사람을 만나면 입을 함부로 놀려 무지한 이들을 속인다. 나는 어떤 선지식을 만난 적이 있다느니 어느 큰스님 법을 이었다느니 하면서 무지한 이들이 이 말을 믿고 받아들이게 한다. 그들과 좋은 사이가 되어 혹은 도반이 되기도 하고 혹은 불러서 자기의 제자로 삼아 위에서 하는 일을 아랫사람이 본받게 한다. 스스로 잘못을 알지 못하고 반성하지도 않으며, 또한 바른 선지식을 만나보려고 하지도 않고서 망령되게 저 혼자만 잘났다고 여겨 망언함을 보게 되니 이러한 무리를 가엾은 존재라고 부른다. 지금도 대중처소를 싫어하고 사사로이 자기

처소(독살이)만을 찾는 이가 있다. 어찌 한심한 사람들이 아니겠는가. 만약 진정으로 도를 배우는 사람이라면 이러한 망념이 싹트지 않게 조심해야 한다. 대중 속으로 들어가 함께 참구하면서 피차간에 경책하고 깨우쳐 주는 것이 중요하다. 이렇게 하면 비록 도를 깨닫지 못할지라도 결코 앞서 말한 경우와 같은 지경에는 빠져들지 않을 것이다. 납자들은 반드시 경계하지 않을 수 없다.

절집공부는 도반道伴이 반성불半成佛이라 했다. 서로가 서로를 탁마하는 것을 이른 말이다. 혼자서 공부를 하면 나태하기가 쉽다. 방일하고 게으름을 피우기가 쉽다.

대중처소는 각양각색의 사람이 모여 사는 곳이다. 그곳에서 협동심도 배우고 대인관계·인간관계를 배우게 된다.

공부라는 것은 수행만이 공부가 아니다. 대중과 화목하는 것도 인화人和의 공부다. 그런데 체질적으로 독각기질을 가진 사람이 있다.

함께 사는 대중처소를 싫어해서 혼자 독각마냥 암자 토굴에서 지내기를 좋아하는 수행자가 더러 있다. 혼자서 공부하기는 쉽지가 않다. 몸이 좀 아프거나 마음이 괴로우면 몸과 마음이 하자는 대로 따라가기가 쉽다. 그래서 공부는 대중처소에서 해야 한다.

대중처소는 청규가 있기 때문에 개인적인 사사로운 사정이 용납되지 않는다. 하기 싫어도 해야 하고 좋아도 해야 한다.

그래서 도반[大衆]이 반성불半成佛이라 했다. 오늘날 한국 불교를 보면 대중처소인 총림불교가 몇몇 사찰만 빼놓고는 잘 되지 않는 것이 현실이다.

불교가 잘 되려면 총림불교가 잘 되어야 한다. 눈 밝은 선지식이 총림에 주석하면서 후학들을 지도하고 이끌어 줘야 한다. 안목이 열리지 않는 상태에서 혼자 토굴 독살이를 하기 시작하면 잘못하면 사견에 빠지기 쉽다. 사견에 빠지면 누가 잡아줄 사람도 없다.

또 방일하다 보면 나태하기가 쉬워서 수행자가 아닌 속인이 되어 버린다. 총림에서는 많은 대중이 살기 때문에 각각 소임도 분담하여 맡은바 소임만 다하고 나면 남은 시간은 다 같이 공부에 전력할 수가 있어서 좋다.

독살이 토굴 생활은 그렇지를 못하다. 혼자서 생활 전반의 모든 일을 다 해야 하기 때문에 천성적으로 부지런하지 않으면 일에 지쳐서 게으르고 나태해지며 방일하기가 쉽다. 토굴 생활은 해야 할 시기와 단계가 있다.

대중처소가 공부하는데 장애를 받은 수행자는 토굴 생활이 적격이다. 먹고 자는데 규칙에 묶이지 않고 오로지 자나 깨나 앉으나 서나 화두공부에 매진할 수가 있기 때문이다.

공부하는데 득력이 된 납자는 토굴생활이 좋다. 규범규칙이 필요 없기 때문이다. 그리고 혼자서도 바르게 공부할 수 있는 안목을 갖췄기 때문이다. 그렇지 않고 성격 때문이라면 대중처소인 총림을 떠나지 않는 것이 좋다.

수행자는 바른 수행을 해야 하기 때문이다. 혼자서 공부를 하다가 사견邪見에 빠지면 그 피해가 막심하다. 본인은 물론이고 다른 사람까지 사견에 빠지게 하기 때문이다.

수행자는 경계하고 경계할 일이다. 불교가 발전하려면 총림불교가 성해야 한다. 선지식이 총림을 회피하면 남는 것은 꿀단지뿐이다. 대중처소를 떠나서 생긴 폐단은 원문과 번역문에서 자세하게 말씀하셨다.

十項 경계에 집착하지 마라

做工夫. 疑情發得起. 與法身理相應. 見盡大地光爍爍地. 無絲毫障礙. 便欲承當箇事. 不肯撒手. 坐在法身量邊. 由此命根不斷. 於法身中似有見地. 似有受用. 殊不知全是子想. 古人喚作隔身句. 旣命根不斷. 通身是病非禪也. 到這裏. 只須全身. 拶入承當箇大事. 亦不知有承當者. 古德云. 懸崖撒手. 自肯承當. 絶後再甦欺君不得. 若命根不斷. 全是生滅心. 若命根斷去. 不知轉身吐氣. 喚作隱身死漢. 非究竟耶. 這些子道理不難會. 自足行者. 不肯見人. 若遇着善知識. 磕着痛處. 當下知歸. 其或未然. 則伏尸萬里也.

참선공부를 하되 의정을 일으켜 법신도리와 만나서 온 누리가 밝고 밝아 실 끝만큼도 걸림이 없음을 보게 될 때가 있다. 그것을 당장에 어떤 경지라고 받아들여서 놓아버리지

"

못하고 법신의 주변에 눌러앉게 된다. 이로 말미암아 명근命根〔미세한 번뇌〕이 끊이지 않은 채 법신 가운데 어떤 경지나 깨달음〔受用〕 상태가 있는 듯 생각한다. 그러나 그들은 이것이 모두〔種子〕 번뇌임을 까맣게 모르는 것이다. 옛사람은 이 법신法身을 언어를 초월한 소식〔隔身句〕이라고 불렀다. 이미 미세한 번뇌가〔命根〕 끊기지 않았다면 온몸 이대로가 병통이니 이는 선이 아니다. 이러한 경지에 도달하였거든 다만 반듯하게 온몸으로 부딪쳐 들어가서 생사대사를 깨달아야 하며, 또한 깨달은 것이 있었다는 것조차 몰라야 한다. 옛 스님이 말씀하시기를 깎아지른 절벽에서 손을 뿌리치듯이 더 나아가 깨달아 보려 해야 하니 죽은 자리에서 다시 깨어나야 자기를 속이지 않는 깨달음이니라 하고 하셨다. 만약 번뇌가 다 끊이지 않았다면 이것은 생멸심일 뿐이니 또한 번뇌가 끊긴 뒤에도 몸을 돌려 숨을 토해 낼 줄 모르면 이것을 죽는 놈이라고 부르니 완전한 깨달음이 아니기 때문이다. 이러한 도리는 깨닫기가 어렵지 않은데 이는 납자들이 선지식을 만나 보려고 하지 않기 때문에 알지 못하고 있을 뿐이다. 만약 선지식을 만나서 아픈 곳을 찔리고 나면 그 자리에서 돌아갈 곳을 알게 될 것이며, 혹 그렇지 못하면 죽어 엎어진 시체가 만 리에 뻗어 있게 된다.

🔔 화두를 참구하는 자가 이장부터는 의정이 돈발하여 화두가 잘 들리게 되나 화두가 성성적적 조금 순일하게 들리는 것을

가지고 집착하면 그 집착이 공부에 방해가 된다는 것을 여실하게 말씀하고 계신다.

화두참선에서 화두가 의정이 생기지 않아도 병통이다. 그러나 화두가 순일 무잡하게 들려 순일한 그 경계에 집착하게 되면 그 것 또한 공부하는데 큰 병통이 된다. 여기서 말하는 법신도리法身 道理는 법신본유法身本有를 말한다. 법신본유는 마음의 체體인 일체 중생의 마음속 가운데 있는 불성佛性을 말한다. 법신法身은 바깥 경계에 있는 것이 아니다. 마음의 체인 불성이 법신이다.

청정무구한 본래심本來心, 그것을 법신이라고 한다. 화두 공부 를 하다보면 잡념이 일어나지 아니하고 화두 하나만 남아 마음이 편안해지면서 방안에 앉아 있어도 온 천하가 손바닥 안에 손금 보듯 밝고 밝게 보여 장애가 없는 경지를 만나게 된다.

수행자가 그런 경계를 만나면 구경각인 양 착각하여 환희심을 내어서 그만 집착하고 만다. 구경각 자리는 각이라는 각도 남지 않는 곳이 구경각이다. 그런데 수행과정의 경지를 구경각으로 착 각하여 집착하면 안 된다. 집착은 중생의 병통이다. 구경각究竟覺 은 유무有無의 언어를 초월한 격신구隔身句라고 했다. 있다 없다에 집착하면 병통일 뿐이다. 집착은 미세번뇌가 끊어지지 않는 생멸 심生滅心이라고 했다. 생멸심이 다 떨어진 그 자리가 법신도리法身 道理이며, 구경각불성究竟覺佛性자리다. 깨달았다는 깨달음도 남지 않는 것이 참 깨달음이다. 마음 경계를 지도할 선지식이 없으면 《능엄경》 오십변마장五十辯魔障을 보라. 선 수행 과정에서 일어나 는 현상들을 자세하게 말하고 있다.

十一項 경계에 안주하지 마라

做工夫. 疑情發得起. 與法身理相應. 攪渾世界. 得波翻浪湧.
一段受用. 行人耽着此受用. 推不向前. 約不退後. 由此不得
全身拶入. 如貪人遇着座. 廣金山相似. 了了明明知得是金.
不能隨手得用. 古人喚作守寶漢. 通身是病非禪也. 到這裏只
須不顧危亡. 始得與法相應. 天童所謂普周法界. 渾成飯. 鼻
孔纍垂信飽參. 若不得鼻纍垂. 如坐在飯籮邊餓殺. 大海裏
渴殺. 濟得甚麻邊事. 所以道. 悟後只須見人. 如古德悟後.
見善知識. 大有樣子. 若自承當箇事. 不肯遇人. 抽釘拔楔.
皆喚作. 自欺底漢耳.

참선공부를 하되 의정을 일으켜 법신도리와 상응하게 되어
세계를 뒤섞어서 파도 물결이 뒤집히는 듯한 하나의 경계를
얻게 되면 수행하는 사람들이 그 경계에 빠져 앞으로 나가

려 하지도 않고 뒤로 물러서려 하지도 않는다. 이로 말미암아 온몸으로 부딪쳐 참구하여 들어가지 못하게 되니 이것은 마치 가난한 사람이 황금 산을 만나 떠날 줄을 모르는 꼴이다. 이것이 황금인 줄은 확실하게 알지만 어찌 손쓸 줄을 모르니 옛사람은 이런 자를 보물만 지키는 바보라고 했다. 이것은 온몸 그대로가 병통이다. 선이 아니다. 이러한 경지에 도달하였거든 오직 모름지기 위태로움을 돌보지 않아야 비로소 법과 상응하게 된다. 천동사 정각스님은 이르시되 온 법계로 더불어 밥을 지었으니 머리를 처박고 먹어야만 진짜 배부른 식사일세. 만약 머리를 박고 먹지 않으면 마치 밥바구니 옆에서 굶어 죽거나 큰 바다 속에서 목말라 죽는 것과 같으니 무슨 일이 되어지겠는가. 이것이 깨닫고 난 다음에는 모름지기 선지식을 만나야 한다고 하는 까닭이다. 옛 스님께서도 깨닫고 난 다음에 선지식을 만나면 크게 한 알의 명주를 얻게 된다고 하셨다. 만약 자기 스스로만 깨닫고 선지식을 만나서 못을 뽑고 빗장을 열듯 의문과 번뇌를 뽑으려 하지 않는다면 이런 사람들을 모두 스스로를 속이는 사람이라고 부른다.

🔔 화두참선 자가 어느 경계이든지 간에 그 경계에 집착하여 안주하는 것은 병통이다.

공부하는 마음의 경계가 천변만화의 신통묘용을 얻을지라도 그 신통묘용에 빠져서 집착 안주하여 공부의 진척이 없으면 그 또한 병통 중에 병통이다.

수행자는 어느 경지든지 안주해서는 안 된다. 수행자의 마음은 주함이 없이 주해야 한다. 마음에 집착하고 법에 집착하고 수행에 집착하면 그 또한 병통이다.

머문바 없이 그 마음을 쓰라고 했다. 머물되 머문 바가 없이 그 마음을 쓰라는 말이다. 왜냐하면 법이 그렇기 때문이다. 법은 무유정법無有定法이다. 법이라는 것이 고정불변한 일정한 법이 아니기 때문이다.

정법定法이 없는 법을 집착하여 정定하는 것이 전도몽상顚倒夢想이다. 그래서 수행자는 각覺에도 머물지 않고, 불성佛性자리에도 머물지 않는 것이다.

불성을 불성이라고 하면 불성이 아니다. 각覺을 각이라고 하면 각이 아니다. 무주무착심無住無着心이 수행자가 가져야 할 마음이다. 그래서 《금강경》에 응무소주이생기심應無所住而生其心이라 했다. 공부경계에 안주하는 자를 옛 스님들은 수보한守寶漢이라 했다. 즉 '금으로 된 산을 보고 지켜야만 하는 바보' 라는 말이다.

금은 활용을 해야 금이다. 보고 쓰지 못하면 아무 소용이 없다. 마음도 마찬가지다. 마음의 경계에 안주하기만 하면 차려놓은 밥상 옆에서 굶어죽는 꼴이다.

수행의 목적은 상구보리上求菩提 하화중생下化衆生에 있다. 차려놓은 밥상은 나도 먹고 남도 먹게 하는 것이 반야용심이다.

十二項 경계에 따지지 마라

做工夫. 疑情發得起. 與法身理相應. 看山不是山. 見水不是
水. 盡大地逼塞塞地. 無纖毫空缺處. 忽生一箇度量心. 似障
了面前. 障了身心. 提亦不起. 撲亦不破. 提起似有. 放下似
無. 開口吐氣不得. 移身換步不得. 正恁摩時. 亦不得. 到這
裏通身. 是病非禪也. 殊不知故人用心純一. 疑情發得起. 看
山不是山. 見水不是水. 不生度量. 不起別念. 硬硬逼拶去.
忽朝打破疑團. 通身是眼. 看山依舊山. 見水依舊水. 山河大
地從甚麼得來. 求纖毫悟迹. 了不可得. 到恁麼田地. 只須見
人. 若不見人. 枯木巖前. 岐路中更有岐路. 到此不蹉跎. 不
被枯木椿. 絆倒者. 博山與他結箇同參.

참선공부를 하되 의정을 일으켜 법신도리와 상응하게 되면
산을 보아도 산이 아니고 물을 보아도 물이 아니다. 이렇게

되면 온 누리가 꽉 막혀 실오라기만한 빈틈도 없게 된다. 이런 가운데 홀연히 헤아리는 마음이 생겨서 마치 눈앞에 무엇이 가려져 있는 듯하고 신심을 장애하는 듯하여 끄집어 내려고 하여도 나오지 않고 쳐부수려고 하여도 깨지지 않는다. 문제를 삼으면 있는 듯하나 놓아버리면 아무것도 없는 듯하다. 입을 열어 숨을 내뿜을 수도 없고 몸을 움직이려고 해도 발을 뗄 수가 없게 되니 바로 이런 경계라고 해도 역시 제대로 된 것은 아니다. 이런 경계에 이르러도 온몸 그대로가 병통이지 선은 아니다. 이런 이들은 옛 스님들의 바른 공부를 전혀 모르고 있는 사람들이다. 옛사람들은 마음 씀이 한결같아서 의심이 일어나서 산을 보아도 산이 아니고 물을 보아도 물이 아닌 경지에 와서도 그것을 헤아리는 마음이나 다른 생각을 일으키지 않고 꼿꼿하게 헤쳐 나갔다. 홀연히 어느 아침에 의심 덩어리가 깨지고 나면 온몸 그대로가 눈동자가 되어 산을 보니 예전 그대로 산이요 물을 보니 예전 그대로 물이여서 산하대지가 어느 곳에서 있는가 하고 외치게 된다. 이때에는 실오라기만큼이라도 깨달았다는 자취를 찾으려고 해도 찾을 수가 없다. 이러한 경지에 이르렀거든 반드시 선지식을 만나 보아야 한다. 만약 옳은 선지식을 만나지 못했으면 고목나무 바위 앞 갈림길에서 또 하나의 갈림길이 있게 된다. 여기서 발을 헛디뎌 넘어지지 않고 고목나무 뿌리에 걸려 자빠지지 않는 사람이 있다면 이 박산이 그와 더불어 동참의 의를 맺겠다.

화두참선을 하다보면 의단이 생겨서 산을 보되 산이 산이 아니고, 물을 보되 물이 물이 아닌 경지가 있다.

화두생각이 보는 경계보다 크기 때문이다. 육진경계六塵境界가 인식 속으로 들어오지를 못한다. 그런 경계가 계속되는 것은 아니다. 그러다가 홀연히 그 속에서 막혔다는 생각이 일어날 때가 있다.

마음에서 일어나는 경계는 떠났지만 뭔가 알 듯 모를 듯 꽉 막힌 경지를 체험한다. 생각을 일으키면 있는 듯 하다가도 놓아버리면 아무것도 없어져 버린다. 꼭 눈앞에 은산 철벽이 있는 것과 같다.

이러한 경계도 제대로 공부하는 경계가 아니다. 온몸 그대로가 병통이다. 참선을 하고 있는 것이 아니다. 화두참선을 하다보면 은산 철벽의 경지가 바르게 공부하는 사람에게도 똑같이 온다. 똑같은 경계를 헤쳐 나가는 방법이 다를 뿐이다. 공부가 바르게 되어 의단이 독로하다보면 산을 보아도 산이 아니다. 물을 보아도 물이 아니다.

물이나 산이라는 경계에 끄달리지 않기 때문이다. 화두생각이 너무 커서 다른 생각이 들어올 틈이 없다. 사량하는 마음, 분별하는 마음이 사라지고 오직 화두 하나만 남게 된다.

자나 깨나 앉으나 서나 화두 속에서 화두와 하나가 된다. 이런 경계를 오매일여라고 한다. 이렇게 오매일여한 경지를 놓치지 말고 일념으로 밀어붙이다보면 '아' 하는 때가 온다. '아' 하는 때는 돈오頓悟하는 때다. 돈오는 견성성불見性成佛이다. 똑같은 경계가 오지만 공부하는 방법이 다를 뿐이다.

깨닫고 나면 천 가지 만 가지 의심 덩어리가 다 녹는다. 깨달음의 자리는 실올만큼의 자취도 흔적이 남지 않는다.

깨달았다는 생각도 없는 것이 견성성불이라고 한다. 깨친 후 눈 밝은 선지식을 찾아가서 자내증처自內證處를 검증받아야 한다. 구백구십구 리를 구경각이라고 착각하는 자가 있기 때문이다. 명안종사明眼宗師는 미자오자迷者悟者를 가려내는 저울 눈금이다. 깨달은 눈으로 보면 산은 산이고 물은 물이다.

十三項 쉬어도 화두를 놓지 마라

做工夫. 疑情發得起. 與法身理相應. 便沈沈寂寂去. 休去歇去. 一念萬年去. 將疑情. 鈍置法身理中. 不得受用. 一向死去. 無回互. 無管帶. 沒氣息. 全被死水裏浸殺. 自謂之極則. 通身是病. 非禪也. 石霜會下. 如此用工者極多. 縱坐脫立亡. 不得受用. 若受得鉗錘. 知得痛痒. 轉得身. 吐得氣. 便是人. 若不知痛痒. 雖會得法身句. 只饒坐斷十方. 有甚用處. 天童所謂坐斷十方. 猶點密移. 一步看飛龍. 故人大有警語爲人處. 大有葛藤相委悉. 自是人不肯打徹. 欲學善知識. 在人叢馬踏之中. 千自由百自在. 得不難乎.

참선공부를 하되 의정을 일으켜 법신도리와 상응하게 되면 문득 가라앉고 고요한 쪽으로 기울게 된다. 그곳에서 쉬어라쉬어라 하며 한 생각이 만 년 가게 하라 하고 의정을 가

져 법신 속에서 모셔두고 꺼내 쓰지 않아서 한결같이 죽어
가고 있을 뿐이다. 다시 돌아오지 않고, 아무것도 관계하지
않으며, 아무런 기척도 없이 오로지 사수 속에 빠져들면서
스스로는 이것이 최상의 진리라고 생각한다. 이것은 온통
병들어 있는 것이지 선은 아니다. 석상스님 문하에 이와 같
이 공부하는 사람이 극히 많으니 비록 그들이 앉아서 죽고
서서 죽는다고 하더라도 제대로 공부하는 것은 아니다. 만
약 따끔한 침을 맞고서 아프고 가려운 곳을 알아 몸을 놀리
고 숨을 토해낼 수 있게 되면 올바른 납자가 될 것이다. 그
러나 아픈 곳도 가려운 줄도 모르게 되면 비록 법신이라는
말을 이해하고, 또 제자리에서 시방의 일을 다 안다고 해도
무슨 소용이 있겠는가. 정각스님께서도 말씀하셨다. 앉아서
시방의 일을 다 안다고 해도 낙방이라더니 남몰래 한 발자
국 옮겨 놓자 비룡을 보았노라. 옛사람은 경책하는 법어로
크게 납자들을 가르치는 바 있었고, 이론을 펴서 자세하게
설명해 주는 바가 있었다. 스스로가 철두철미하게 참구하려
들지 않는 데 있다. 이런 사람들이 선지식에게 도를 배워
북적되는 세상에서 천 가지 백 가지로 자유롭고자 하나 어
렵지 않겠는가.

화두참선에서 망상도 쉬고 번뇌도 쉬어라. 세상만사 다
잊고 쉬고 푹 쉬어라 하니까 쉬는 것이 궁극적 목적인 양 쉬는데
빠진 자가 있다.

화두참선에서는 화두가 생명이다. 화두가 빠진 참선은 화두참선이 아니다.

화두가 늘 또렷또렷하게 들려야 한다. 자나 깨나 앉으나 서나 늘 성성하게 들려야 화두참선이다. 화두를 놓아버리면 쉰다고 해도 악취공 아니면 무기공無記空에 빠지고 만다. 적적寂寂 속에만 떨어져 있으면 죽어 있는 상태다. 성성惺惺하고 적적寂寂해야 한다. 고요 속에서도 화두는 성성하게 챙겨져야 화두참선이다.

석상스님은 마음이 적적하게 쉬고, 쉬는 공부로 후학을 지도한 것 같다. 깨어 있는 상태가 아니고 고요함 속에 죽어 있는 선정을 후학들에게 지도하신 것이 분명하다.

대혜종고선사는 석상스님이 닦는 선정을 흑산리중귀신굴黑山裏中鬼神窟이라 했다. 묵조선의 병폐를 설파하신 것이다. 선정은 살아 깨어 있는 것이다. 적적하게 죽어 있는 것이 아니다. 살아서 팔딱팔딱 생동하는 것이 화두참선의 선정이다.

十四項 고요 속에서 주재를 세우지 마라

做工夫. 疑情發得起. 與法身理相應. 坐到甚不搖處. 淨躶躶.
赤灑灑. 沒可把. 便放身去. 不識得轉位就機. 向這裏强立主
宰. 滯在法身邊. 通身是病. 非禪也. 洞山云. 峯巒挺異. 鶴不
停機. 靈木迢然. 鳳無依倚. 當知. 峯巒靈木. 四個字. 大煞
玄奧. 不是乾爆爆地. 不停無依四個字. 太煞活潑. 不是死.
獦狙地. 若不究到玄奧處. 則不知人入理之深. 若不到活潑
處. 則不識旋機之妙. 道人用心. 用到無可用處. 正好見人.
打翻漆桶. 得箇徹處. 豈可抱愚守株. 滯在一隅. 甘心做籠中
之鶴. 退毛之鳳哉.

참선공부를 하되 의정을 일으켜 법신도리와 상응하게 되면
어떤 이들은 고요하여 흔들리지 않는 경지에 이르러 마음이
아무런 장애도 걸치레도 없고 아무도 잡을 것이 없게 된다.

이들은 여기서 다 놓아 버리고 지금의 경지를 바꾸어 깨달음의 기회를 잡을 줄 모른다. 그 속에 억지로 주재를 세워 법신 쪽에 꽉 막혀 있으니 이는 온몸 그대로가 병통이지 선은 아니다. 동산스님이 말씀하셨다. 높은 묏뿌리 빼어나게 솟았으니 나는 학은 멈출 곳을 모르고, 신령한 고목은 먼 곳에 우뚝하니 봉황새도 기댈 곳 없구나. 마땅히 알라. 높은 뫼 신령한 고목은 깊은 경지로 무미건조한 경지가 아니고 머물 곳도 기댈 곳도 없다는 네 자는 너무나 활발하여 죽은 갈달 같은 경지를 가리키는 것이 아님을 잘 알아야 한다. 만약에 참구하여 깊은 경지에 이르지 못하면 이치를 깨달은 심오한 경지를 모르고 만약에 활발한 경지에 이르지 못하면 기연을 굴리는 묘리를 알지 못하게 된다. 도인의 마음 쓰는 것은 마음 쓸만한 곳이 없는 곳에서 마음을 쓰는 것이니 그래야 좋은 선지식을 만나 칠통 같은 의심 덩어리를 쑥 뽑아 버리고 깨달음을 얻게 된다. 어찌 그루 턱을 지켜 토끼를 잡으려는 (守株待兎) 바보처럼 한쪽 구석에 처박혀 있으면서 새장에 갇힌 학이나 털 빠진 봉황이 되기를 달갑게 여기겠는가.

🔔 화두참선을 하다보면 마음이 경계에 흔들리지 않고 아무런 장애도 없어져서 허허 탕탕한 경지를 만나게 된다. 그런 경계를 만나게 되면 그 경계에 안주하여 공부를 더하지 않는다. 안주는 집착이다.

경계에 안주하다 보면 공부는 진척이 없다. 그 경계에서 진일보하여 크게 한번 죽어야 크게 살 수가 있다. 고요 속에서 주재를 짓지 말라고 하는 것은 억지로 알음알이를 짓지 말라는 말이다.

법신도리와 상응하는 것도 수승한 경지지만 그 경지에 안주하여 집착하면 막힌 도리다. 선은 막힘이 없다. 선은 막힌 것을 통하게 하는 것이다.

막혀 있으면 선이 아니다. 법신의 이치를 깨달았다고 하더라도 법신이라는 상에 머물러 있으면 그것이 병통이다. 병통은 선이 아니다. 선은 활발하게 살아 있는 것이 선이다.

화두참선은 또렷하게 깨어 있어야 한다. 죽은 갈달 같은 것이 선이 아니다. 성성하게 깨어 있는 것이 화두참선이다. 죽어 있는 것은 선이 아니다. 막혀 있는 것도 선은 아니다. 안주하고 집착하는 것도 선은 아니다.

十五項 알음알이로 경계를 형상화 하지 마라

做工夫. 疑情發得起. 與法身理相應. 面前隱隱地. 似有個物
相似. 將此隱隱地. 疑來疑去. 丈定個前境. 便自謂入得法身
理. 見得法界性. 不知此等捏目所成. 通身是病. 非禪也. 若
眞個入理之人. 世界闊一丈. 古鏡闊一丈. 橫身當宇宙. 求其
根塵器界. 了不可得. 又將何爲身. 將何爲境.

참선공부를 하되 의정을 일으켜 법신도리와 상응하게 된 어
떤 이들은 마치 눈앞 면전에서 어릿어릿하게 무엇이 있는
듯 보게 된다. 이 어릿어릿한 것을 가지고 의심하고 의심을
붙여 가면서 눈앞에 마주선 말뚝처럼 확연하게 형상화한다.
문득 스스로 말하기를 나는 법신도리를 터득했고, 법신의
성품을 보았노라고 하며, 이런 형상들이 자기 눈을 눌러서
나타난 헛것임을 모르고 있다. 이런 사람은 온몸 그대로가

병통이지 선은 아니다. 만약 진실로 깨닫고자 한 사람이라
면 세계의 넓이가 한 장이면 고경古鏡도 한 장이듯 몸을 가
로 눕히면 온 우주를 덮어야 한다. 그 속에서 티끌 세계를
찾아보려고 해도 찾아볼 수가 없다. 또한 무엇을 가지고 자
신이다 상대다 하겠는가.

화두참선 자는 어떠한 경계가 오든지 간에 그 경계에 집
착하면 안 된다. 선에 있어서 집착은 병통이다. 설사 부처님이 나
타나더라도 그것은 허깨비 환상이다. 설사 보살이 나타나더라도
그것은 허깨비 환상이다.

무형의 불성자리에 유형有形의 경계가 현현하는 것은 모두가
다 환상이다. 환상을 환상인 줄 모르고 집착하여 안주하면 그것
은 선이 아니다. 그대로가 온통 마경魔境에 빠진 병통이다.

여기서 고경古鏡은 마음 불성佛性을 말한 것이다. 티끌 세계를
찾아보려고 해도 볼 수 없다는 것은 삼공三空을 말한 것이다. 나
도 없고 법도 없고 없다는 생각관념도 없다는 말이다. 없는 것을
있다고 정형화定形化하는 것은 망식妄識의 장난이다.

참선은 불성을 보는 것이다. 불성자리는 있다 없다의 자리가
아니다. 말로 설할 곳이 아니다. 그 자리는 증오證悟의 경계다. 해
오解悟의 경지가 아니다. 철저한 자내증自內證의 증오처證悟處다.
참선 자는 마음에도 속지 말라. 말에도 속지 말라. 문자에도 속지
말라. 언어나 문자를 떠난 그 자리는 자증자오自證自悟만이 해결
하는 방법이다.

將何爲物. 將何爲隱隱地. 雲門亦指出此病. 尙有多文. 若明
得此一種病. 則下之. 三種病. 渙然氷釋矣. 博山嘗謂學者曰.
法身中. 病最多. 只須大病. 一場始識得病根. 假饒盡大地人
參禪. 未有一箇. 不受法身病者. 惟除盲聾瘖啞者. 不在此限.

또 무엇을 가지고 물건이니 무엇을 가지고 어릿어릿하다 하
겠는가. 운문스님도 이러한 병통을 지적하였으니 아직까지
많은 글이 남아 있다. 만약에 이 한 가지 병통만 밝혀낼 수
있다면 다음 세 가지 병도 모두 얼음 녹듯 녹아 버릴 것이
다. 박산 내가 전에도 이렇게 납자들에게 말한 적이 있다.
법신 가운데 병이 가장 많이 생겨나니 오직 모름지기 큰 병
을 한바탕 앓고 나야 비로소 병의 원인을 알게 된다. 가령
온 세상 사람이 다 참선을 한다고 해도 한 사람도 이 병을
앓지 않는 사람은 아직 없다. 오직 눈먼 사람, 귀머거리, 벙
어리만 제한 예의이다.

화두공부를 하다보면 공부가 깊어지면 깊어질수록 그때
그때 경계가 나타난다. 그 경계에 속아서 빠지면 절대로 안 된다.
경계는 경계일 뿐이다.

경계에 집착하면 그것이 병통이다. 여기서 어릿어릿하다는 것
은 알음알이가 형상화 된 것들이다. 그러한 형상들은 마치 눈을
비벼서 나타나는 환화幻華와 같은 것들이다. 원래가 없는 것인데
눈을 비벼서 생긴 환각환상들이다. 마음공부는 환영이나 환상을

좇는 공부가 아니다.

환상을 타파하는 것이 화두참선이다. 화두참선 자는 화두 이외에는 마음을 쓰지 말아야 한다. 앉으나 서나 화두 속에 있어야 한다. 화두가 나이고 내가 화두가 되어야 한다.

화두가 견성성불見性成佛의 지름길이다. 옛 조사스님들도 다 그 말씀을 하셨다. 번뇌 망상을 타파하는 것도 화두요 중생을 부처로 만든 것도 화두다.

화두가 불지佛地로 가는 첩경이다. 바로 확실하게 똑바로 가는 길이 화두참선이다.

十六項 얻는 경계를 경에 맞추지 마라

做工夫. 疑情發得起. 與法身理相應. 見古人道盡大地. 是沙門一隻眼. 盡大地. 是自己一點靈光. 盡大地. 在身己一點靈光裏. 又引教中道一塵中. 含無邊法界眞理. 便向這裏. 領略去. 不肯求進益. 生不得. 死不得. 將此解路. 謂之悟門. 通身是病. 非禪也. 殊不知縱與理相應. 若打不脫. 全是理. 障墮在法身邊. 何況被解心牽引. 不能入理之深. 這個獼猴子. 捏不死. 既死不去. 又安得絶後再甦耶. 當知最初發疑情. 便要與理相應. 既與理相應. 要得個深入. 既得個深入. 須向萬仞. 巖頭翻觔汁. 打將下來. 擺手出漳江. 始是大人用心也. 不然盡是凉虛漢. 非當家種草也..

참선공부를 하되 의정을 일으켜 법신도리와 상응하게 되면 고인古人(長沙스님)이 이르되 온 누리가 사문의 한쪽 눈이며, 온 누리가 자기의 신령스런 마음이라. 모두가 이 안에 있다고 한 것을 보게 되거니와 또 경전 가운데에 티끌 속에 끝없는 법계의 진리가 담겨 있는 것을 이끌어다 대충 맞춰 보고 만다. 그리고는 앞으로 더 나가려고 하지도 않고 살지도 죽지도 못하면서 이런 이해를 가지고 깨달은 공부라고 생각한다. 그런 사람은 온몸 그대로가 병통이지 선은 아니다. 설사 이치와 상응했다 하더라도 여기에서 벗어나지 못하면 전적으로 도리 자체가 장애일 뿐이며, 법신 쪽에만 치우쳐 있게 된다는 사실을 그들은 전혀 모르고 있는 것이다. 그러니 하물며 엉켜 있는 마음의 속박을 풀 수 있겠는가. 깊은 진리 속에 들어갈 수 없다. 저기 한 마리 원숭이를 눌러도 죽지 않는 것과 같다. 이미 죽지 않았다고 했는데 또 어떻게 기절했다가 소생할 수가 있겠는가. 분명하게 알아야 한다. 처음 의정이 생기거든 곧 도리와 상응하도록 할 것이며, 이미 그렇게 되었거든 더 깊은 곳으로 들어가야 한다. 만 길 낭떠러지에서 곤두박질을 쳐 떨어진 뒤 팔을 저어 장갑을 벗어나야만 비로소 도인공부가 된다. 그렇지 않다면 모두 허공을 날쥐하는 사기꾼들이니 종문을 떠맡을 납자가 아니다.

공부의 경계를 가지고 경전이나 어록에 있는 말과 비교하여 짜 맞추지 말라는 말이다. 비교하고 맞추는 그것이 병통이다. 병통이 병통인 줄 모르는 것이 중생이다.

공부의 경지가 좀 무르익으면 그것이 궁극인 양 경이나 어록에 있는 말을 이끌어다 억지로 비교해서 짜 맞추니 그것은 알음알이지 각覺이 아니다. 화두공부는 화두를 타파해야 한다.

화두가 타파되지 않으면 아무 소용이 없다. 설사 법신도리와 상응하여 법신변에 있다고 해도 그 또한 병통이다. 천 경계 만 경계가 다 경계다. 경계에 집착하면 공부가 진척이 없다. 만 길 낭떠러지에서 떨어져 팔로 헤엄쳐서 장강을 벗어나는 것과 같은 것이 공부다. 만 길 낭떠러지는 구백구십구 리를 말한 것이다.

구백구십구 리도 궁극의 경지가 아니다. 아직은 일 리가 남아 있다. 장강을 헤엄쳐 벗어난다는 것은 남는 일 리도 넘어선다는 말이다.

와지 일각까지 넘어서야 한다. '아' 하지 않는 공부는 다된 공부가 아니다. 종문宗門의 주인공은 오직 깨달은 자다. 깨닫지 않고는 종문의 주인공이 될 수가 없다.

十七項 담담한 경계가 궁극적 깨달음이 아니다

做工夫. 疑情發得起. 與法身相應. 行住坐臥. 如在日色裏. 如在燈影裏. 淡淡地沒滋味. 或更全身放下. 坐到水澄珠瑩之際. 風淸月白之時. 正恁麼時. 依正報中. 都成一片境去. 淸淸淨淨. 怜怜俐俐. 自謂之究竟. 不得轉身吐氣. 不得入塵垂手. 又不肯求人決澤. 或向淨白界中. 別生出異念. 謂之悟門. 通身是病. 非禪也. 天童所謂淸光照眼. 似迷家. 明白轉身. 猶墮位. 良以淸光照眼. 豈非水澄珠瑩. 風淸月白乎. 明白轉身. 更進得一步. 只消似迷墮位. 四個字. 一印印定. 行人到此. 又作麼生區處. 只須有大轉變. 拈一莖草. 作丈六金身. 用未爲分外. 不然是釘椿搖櫓. 漁父棲巢. 喚作沒血氣漢. 打死千個萬個. 有甚麼罪過.

참선공부를 하되 의정을 일으켜 법신도리와 상응하게 되면 가고 멈추고 앉고 누운 것이 마치 햇빛이다. 등불 그림자 속에 있는 것같이 담담하여 아무 맛도 없는 데 빠진다. 혹은 다시 모든 것을 놓아 비치고 맑은 물, 영롱한 구슬이나 맑은 바람 밝은 달 같은 경계에 앉게 된다. 정히 이러한 때에는 자기 자신과 바깥세상을 몽땅 뭉쳐서 한 조각으로 만들고 그 청정하고 날카로운 상태를 궁극적인 경지라고 여긴다. 몸을 돌려 숨을 쉬지도 않고, 중생을 제도할 생각도 하지 않으며, 또 선지식을 찾아가 인가받으려 하지도 않는다. 혹 어떤 사람은 이렇게 깨끗한 경계 속에서 또 다른 생각을 일으켜 그것을 깨달은 문이라고 생각하니 이것은 온몸 그대로가 병통이지 선은 아니다. 천동사 정각스님이 말씀하셨다. 맑은 빛이 눈에 비쳐도 마치 집을 잃은 사람 같고 분명하게 몸을 돌렸지만 오히려 지위에 떨어졌다. 참으로 맑은 빛이 눈에 들어오면 어찌 그것이 맑은 물, 영롱한 구슬이나 맑은 바람과 밝은 달 같은 경지라고 아니 할 수 있겠는가. 다만 분명하게 몸을 돌렸다함은 다시 한 발자국 앞으로 나간 것이다. 또한 길을 잃었다함과 지위에 떨어졌다는 그 말을 도장 찍듯 확실하게 소화해 내면 된다. 수행 납자가 이 경지에 도달하면 다시 어떻게 닦아 가야 하는가. 다만 받듯이 크게 전변하여 부처님같이 꽃 한 송이 접어들고 장육금신의 부처가 되어 작용하는데 분수 밖의 행동을 하지 말아야 하니 그렇게 하지 않으면 배는 말뚝에 매어둔 채 노만

흔들리며, 어부는 집안에 들어앉은 격이 된다. 이런 자를
혈기 없는 자라 하니 아무리 많이 때려죽인다고 해도 무슨
죄가 되겠는가.

화두참선에서 화두를 의심하지 않는 것이 병통이다. 그렇
지만 화두가 의정이 생겨 화두 속에서 살지라도 그때그때 마음
경계에 안주하여 집착하면 그것도 병통이다. 화두를 들다보면 정
말로 재미가 없는 때가 있다.

덤덤하고 담담하여 아무 맛이 없는 때가 있다. 참선 자가 그런
경계가 무심無心의 경지가 아닌가 하고 착각하여 집착해서 안주
하면 병통에 빠진 것이다.

그 재미없는 경계에서 한 번 몸을 크게 뒤쳐서 나와야 한다. 마
음이 재미가 없다는 것은 번뇌 망상이 없다는 것을 말한 것이다.

마음이 경계에 도달되지 않고 무심해지다 보면 덤덤하고 담담
한 마음 경계가 찾아온다. 담담한 그 마음 경계를 뛰쳐나와야만
본분 납자가 된다.

화두참선 자가 덤덤하고 담담해서 재미가 없을 때가 찾아오면
공부가 되어가는 징조다. 재미가 없을 때가 좋은 때다. 그 재미없
는 때를 지나고 나면 '아' 하는 때가 온다. '아' 하는 때는 견명성
見明星 오도悟道의 때다. 그때까지는 죽자 살자 화두를 의심하는
것이 상책이다.

十八項 신기한 경계에 현혹되지 마라

做工夫. 疑情發得起. 與法身相應. 於法身邊. 生奇特想. 見光
見華. 見種種異相. 便作聖解. 將此殊異之事. 衒或於人. 自謂
得大悟門. 殊不知. 通身是病. 非禪也. 當知此等殊異境像. 或
是自己妄心凝結而成. 或是魔境乘隙而入. 或是帝釋天人變化
試現. 妄心凝結者. 如脩淨土人. 觀想不移心. 忽見佛像菩薩
像等. 如十六觀經中說. 悉與淨土理合. 非參禪要門. 乘隙而
入者. 如楞嚴經中. 五蘊空時. 行人心有所着. 魔卽隨意而現.
變化試現者. 如菩薩修行時. 帝釋化身. 現無頭鬼. 無五臟鬼.
菩薩無怖畏心. 復現美女身. 菩薩無愛染心. 復現帝釋身禮拜
云. 太山可崩. 海水可竭. 彼上人者. 難動其心故云. 野人技倆
有盡. 老僧不見不聞無窮. 若眞參學人. 縱白刃交加於前. 無
暇動念. 何況靜定中不實. 境相耶. 旣與理相應. 則心外無境.
能觀心所現境. 又安在甚磨處.

참선공부를 하되 의정을 일으켜 법신도리와 상응하게 되면 기특상을 낸다. 광채와 꽃이 보이고 갖가지의 신기한 모습이 나타나면 문득 자기가 성인이 되었다고 생각한다. 이런 신기한 모습으로 사람을 현혹시키면서 스스로 크게 깨달았노라고 한다. 이런 것은 전부 병통이지 선은 아니다. 마땅히 알라. 이러한 신기한 모양들은 자기 망심이 맺혀서 만들어지는 경우도 있고, 혹은 마가 틈을 타고 들어와서 그런 경계를 지을 수도 있으며, 혹은 제석천이 변화해서 수행자를 시험해 보느라고 나타나는 수도 있다. 망심이 맺혀서 나타나는 경우에는 정토 수행의 예를 들 수 있다. 어떤 상을 관함에 오직 그것만을 염두에 두어 둔다. 홀연히 부처나 보살 등의 상이 나타나게 되는 것이다. 십육관경에 설해진 내용은 모두 정토교의 이론과는 맞으나 참선의 요문은 아니다. 마가 틈을 타고 들어오는 경우는 《능엄경》에 나오는 예를 들 수 있다. 오온이 빈 가운데 수행하는 사람 마음에 집착이 생기면 마가 자기 마음대로 모습을 나타나게 되는 것이다. 보살이 수행할 때는 제석천이 화신으로 나타나는데 머리 없는 귀신이나 내장이 없는 귀신이 나타난다. 보살이 두려워하는 마음을 내지 않으면 다시 미녀의 몸으로 변하여 나타난다. 보살이 애착심이 없으면 다시 제석천의 몸으로 나타나 절을 하고는 말한다. 태산을 무너뜨리고 바다를 말릴 수는 있어도 저 수행자의 마음은 움직이기 어려울 것이다. 도수道樹스님이 말씀하셨다. 저 같은 야인이야 기량이

다할 때가 있어도 스님의 어떠한 경계도 보고 듣지 않으심
은 끝이 없습니다 하셨다. 진정한 납자라면 백 개의 칼날이
문 앞에서 부딪친다 해도 딴생각할 틈이 없다. 하물며 정定
을 닦는 고요한 가운데 경계도 나타난 헛된 모습에 있어서
야 이미 법신도리와 상응하였다면 마음밖에 경계는 없다.
인식 주관인 마음이나 인식 대상인 경계가 어디에 설 수 있
단 말인가.

벽극즉풍동壁隙則風動하고 심극즉침마心隙則侵魔라 했다. 벽
에 틈이 생기면 바람이 들어오고, 마음에 틈이 생기면 마가 쳐들
어온다고 했다.

화두참선 자가 틈이 생기면 화두가 일여一如하지 못한다. 틈이
없어야 화두가 일여하다. 앉으나 서나 일여하고 자나 깨나 화두
가 일여해야 한다. 일여하지 못한 것은 화두가 끊어진 것을 말한
것이다. 끊어지면 그 틈으로 가지가지의 경계가 나타난다. 화두
는 일념一念을 만들기 위한 수행방법이다. 일념一念은 일여一如다.
한 생각으로 똘똘 뭉쳐야 한다. 뭉치기 위해서는 화두를 의심해
야 한다.

의심이 커지면 의단疑團이 된다. 한 덩어리로 의심이 똘똘 뭉쳐
일념이 되어야 한다. 의단이 한 덩어리로 뭉쳐지면 틈이 생기지
않는다. 틈이 없으면 마가 들어올 수가 없다.

마는 마음 밖에서 오는 것이 아니다. 마음에 틈이 생길 때 마는
나타난다. 마음의 틈이 난 현상이 마다. 가지가지 신기한 현상들

이 나타난다.

　서산대사《선가귀감》을 보면 선정 중에 나타나는 것으로써 마가 이러한 것이 있다. 옛날 어떤 스님이 좌선을 하고 있는데 상복을 입은 사람이 송장을 메고 와서 하는 말이 "네가 어찌하여 우리 어머니를 죽였느냐"고 달려들었다. 옥신각신 시비 끝에 도끼로 그 상주를 찍었더니 자기 다리에서 피가 흘렀다고 한다(見孝子而斫股). 또 어떤 스님이 공부를 하고 있는데 멧돼지가 쫓아와 대들기에 멧돼지 코를 잡고 소리를 치다가 정신을 차리고 보니 자기가 자기 코를 잡고 있었다는 것이다(見猪而把鼻).

　이러한 것들은 모두가 자기 마음이 움직여서 나타나는 마의 현상들이다. 밖에서 오는 것이 아니다. 마음에서 일어나는 현상들이다. 심마心魔의 현상들은《능엄경》오십변마장五十辯魔障에 자세하게 설하여져 있다. 참선수행자는《능엄경》오십변마장을 꼭 보아야 한다.

　공부하는 중에 나타나는 현상들에 속지 않기 위해서다. 속고 집착하여 그 경계에 빠지면 큰 공부를 할 수가 없다.

　오십변마五十辯魔도 밖에서 온 것이 아니다. 오온五蘊 가운데에 나온 것이다. 공부 중에 이상한 현상들에 현혹되지 말아야 한다.

　본문에 나타나는 현상뿐 아니라 가지가지 신기한 현상들이 나타나기 때문이다. 그럴 때는 선지식 스님께 마음의 경계를 말씀드리고 지도를 받아야 한다. 그래야 공부의 성취가 빠르다. 공부 중에 불보살이 나타나도 다 마魔다. 그 경계에 속지 말라. 화두참선 자는 화두밖에는 생각하지 말라. 화두가 시작이고 끝이다.

十九項 경안輕安에 집착하지 마라

做工夫. 疑情發得起. 與法身理相應. 覺得身心輕安. 動轉施
爲. 不相留礙. 此是正偏道交. 四大調適. 瞥爾如是. 非究竟
也. 彼無知者. 便放下疑情. 不肯參究. 自謂大悟門. 殊不知
命根不斷. 縱能入理. 全是識心. 以識心卜度. 通身是病. 非
禪也. 爲入理不深. 轉身太早. 雖有深知. 不得實用. 縱得活
句. 正好向水邊林下. 保養含蓄. 切不可躁進. 便欲爲人. 妄
自尊大. 當知. 最初用心. 心疑情發得起. 結在一團時. 只待
渠自己迸開. 始得受用. 不然稍有理致. 便放下疑情. 這裏定
是死不去. 定是打不徹. 一生虛過. 有參禪之名. 無參禪之實.
只饒入塵垂手. 不妨更見大善知識. 彼善知者. 是大醫王. 能
療重病. 是大施主. 能施如意. 切不可生自足想. 不欲見人.
當知. 不肯見人. 爲執己見. 禪中大病. 無過此者.

참선공부를 하되 의정을 일으켜 법신도리와 상응하게 되면 신심이 거뜬해짐을 느끼고 일거일동에 모두 막히거나 걸림이 없게 되는 수가 있다. 바로 이것은 바른 것과 삿된 것이 교차하는 것이니 사대로 된 몸이 쾌적해져서 잠시 그러할 뿐이지 궁극적인 경지는 아니다. 저 무지한 사람들은 문득 의정을 놓아 버리고 참구하지 않으면서 스스로 크게 깨달음을 얻었다고 한다. 설사 능히 깨달았다고 하더라도 그것은 온전히 알음알이일 뿐이며, 알음알이로 헤아리는 것은 온몸 그대로가 병통이지 선은 아니다. 이런 것들은 이치에 들어가는 것이 깊지를 않고 몸을 굴리는 것이 너무 조급했기 때문이다. 비록 지혜가 깊다고 해도 실제로는 그것을 쓸 수가 없다. 활구를 얻고서 정히 물가나 숲 속에 들어가 보려고 하는 것은 좋다 하겠으나 조급하게 앞으로 나가 남을 위한다고 망령되게 자기를 높여서는 안 된다. 꼭 알아두어야 할 것은 처음 공부할 때 의정이 일어나 한 덩어리로 뭉쳐지면 오직 스스로 그것이 열려지기만을 기다려야 비로소 깨달을 수가 있다. 그렇지 않고 조금이라도 무슨 이치를 보았다 해서 곧 의정을 놓아 버리고 그 속에 눌러 앉아 죽어도 그 곳을 떠나지 않고 끝내 깨닫지 못하면 일생을 헛공부 한 것이다. 참선하는 이름이 있으나 실지로 참선한 내용은 없다. 다만 번뇌를 다 떨쳐버렸다고 해도 다시 선지식을 만나 보는 것은 나쁠 것이 없다. 선지식은 훌륭한 의사와 같아서 중병을 거뜬하게 고쳐내고 대공덕주여서 능히 마음먹는 대로 베풀 수가 있다. 간절하게 스스로 족히 이만하면 되겠지 하고 선지식을 만나보지 않고 자기 견해만 사로잡혀 있다면 선 가운데 이보다 더한 병통이 없다는 것을 분명히 알아야 할 것이다.

화두참선을 오래 하다보면 화두가 순일하게 들려 마음이 편안하며 몸이 가볍고 거뜬한 것을 느낀다. 몸과 마음이 최상의 경쾌함을 맛볼 때 그 경계에 안주해서는 안 된다.

참선에 있어서는 집착이 병통이다. 억지로 공부를 하지 않아도 화두는 잘 들리고 몸과 마음이 최상의 컨디션이 된다.

최상의 상태를 경안輕安이라고 한다. 경輕은 몸이 최상이 되는 상태다. 안安은 마음이 최상의 편안함을 얻는 상태를 말한다. 화두참선에 익숙해진 결과다. 그렇더라도 경안중輕安中에도 화두는 놓아서는 절대로 안 된다. 화두참선에서 화두는 생명이다. 화두를 놓아버리면 화두참선이 아니다.

자나 깨나 앉으나 서나 항상 화두 속에 살아야 한다. 깨닫기 전에는 화두와 하나가 되어야 한다. 몸과 마음이 가볍고 편안함도 일시적인 현상이다. 그것이 궁극적인 경지는 아니다. 화두참선은 화두 타파가 목적이다.

화두가 일념一念으로 들려서 자나 깨나 항상 화두로 뭉쳐져야 한다. 참선 중에 나타나는 현상들에 마음이 빼앗겨서 화두를 놓아버리면 큰 공부를 할 수가 없다. 여기서 큰 공부는 확철대오다.

확철대오가 화두참선의 목적이다. 목적지에 갈 때까지는 화두는 절대로 놓아서는 안 된다. 화두공부는 화두와 하나가 되는 것이다.

화두 따로 사람 따로면 화두참선이 아니다. 눈빛이 땅에 떨어질 때까지 죽자 살자 하나가 되어야 한다.

화두와 하나가 되고나면 '아' 하는 때가 온다. '아' 하는 때는 돈오頓悟하는 때다. 돈오는 견성성불見性成佛이다. 요즈음 수행자 중에는 간화선看話禪에 대해서 문제를 제기하는 사람들이 많다고 들었다. 내가 보기에는 간화선이 문제가 아니라 문제를 제기한 그 사람에게 문제가 있다고 본다.

화두참선은 화두와 하나가 되는 것이 지름길이다. 그런데 화두는 들지도 않고 화두 따로 사람 따로 앉아만 있으니 그렇게 해가 지고는 미륵 부처님이 오실 때까지 앉아 있어도 소용없는 일이다.

화두참선은 화두가 생명이다. 화두 따로 사람 따로 백날 천날 앉아 있어 봐도 그것은 간화선이 아니다. 화두참선에서 화두에 대한 의심을 하지 않는 것이 문제다. 화두는 의단疑團이다. 모르니까 의심할 수밖에 없다. 모르면서도 의심하지 않는 것이 문제다. 그만큼 화두에 대하여 절실함이 없기 때문이다.

화두선이 문제가 아니다. 화두를 드는 사람이 절박하고 절실하지 않기 때문에 화두가 의심이 가지 않는다. 의심이 가지 않으니까 화두 따로 사람 따로다. 절실하지 않다는 것은 절박하지 않다는 것이다. 절실하지도 절박하지도 않으면서 어떻게 화두와 하나가 되겠는가.

화두참선은 간절한 마음으로 하지 않으면 간화선의 문턱에도 들어가지 못한다. 화두참선은 견성성불로 가는 가장 빠른 길이다.

화두와 하나가 되는 것이 관건이다. 화두참선은 입이나 생각으로 하는 참선이 아니다. 화두참선은 의심으로 하는 참선이다. 의단이 빠진 화두참선을 하면서 화두참선 법에 문제를 제기하는 것은 잘못되어도 한참 잘못된 생각이다.

문제를 제기하는 그대는 오매일여가 뭔지를 아는가. 오매일여도 모르면서 간화선을 논하지 마라. 간화선은 대혜종고선사大慧宗杲禪師가 제창한 독특한 참선법이다.

화두참선을 하려는 사람은 대혜선사어록大慧禪師語錄인《서장書狀》을 꼭 보고 그 가르침대로 수행을 했으면 한다.《서장》도 보지도 않고 보았어도 간절한 마음이 없으면 화두참선은 의심이 가지 않는다.

의심이 빠진 화두참선은 참선이 아니다. 화두참선은 의단이 생명이다. 의심 없는 화두참선은 하나마나다. 간절하고 절실한 마음으로 화두 하나에 모든 것을 바쳐라. 틀림없이 '아' 하는 때가 온다. '아' 하는 때는 돈오頓悟하는 때다. 돈오는 견성성불이다.

第十五節

寤寐一如

 현사비전등록(오매일여)

有一般昭昭靈臺智性. 能見能聞. 向五蘊身田裏. 作主宰. 恁
磨爲善知識. 大賺人. 我今問汝. 若認昭昭靈靈. 爲汝眞實.
爲甚麼. 瞌睡時. 又不成昭昭靈靈. 若瞌睡時. 不是. 這箇認
賊爲子. 是生死根本. 妄想緣起.

일반적으로 소소 영영한 영대의 지성이 있어서 능히 보고 능히 듣고 색수상행식 오온의 몸 속에서 주재를 짓나니 이런 것을 선지식이라고 한다면 크게 사람을 속이는 것이다. 만약에 밝고 신령스러운 것을 인득하여 저의 진실을 삼는다면 잠이 들어올 때는 어찌하여 밝고 신령스러운 것이 이루어지지 않는가. 만약에 잠들었을 때에 이루어지지 않으면 이것은 도둑을 잘못 알아서 아들을 삼는 것과 같다. 이런 것은 생사의 근본이며 허망한 생각이 반연하여 일어난 것이다.

　　화두참선에 있어서 화두공부가 제대로 되는가 안 되는가 하는 것은 오매일여寤寐一如로 점검을 한다. 오매일여는 화두와 하나가 되어야 한다. 화두와 하나가 되지 않고서는 논할 단계가 아니다.

　눈 뜨고 깨어 있을 때도 화두가 하나가 되지 않는데 잠들었을 때 어떻게 화두가 들리겠는가. 자나 깨나 앉으나 서나 항상 화두 속에 있어야 일여一如라고 한다. 화두를 참구하는 자는 화두와 한 덩어리가 되는 것이 중요하다. 화두와 한 덩어리가 되지 않고는 화두참선을 말하지 말라.

　잠들었을 때 화두가 없으면 죽은 송장이다. 잠들었을 때도 화두가 성성적적해야 오매일여의 경지다.

　화두참선은 오매일여를 거쳐야만 돈오頓悟할 수가 있다. 돈오라는 것은 돈제망념頓除妄念이 돈頓이다. 일체 망념을 단제하는 것이 돈이다. 오悟라는 것은 오무소득悟無所得이다. 얻은 바가 없는 것을 깨달은 것이 오라고 했다. 깨달았다는 깨달음의 경계도 없는 것이 견성성불이다. 화두참선 자는 우선 화두가 자나 깨나 하나로 들려야 한다.

　화두와 하나가 되기 위해서는 크게 의심을 해야 한다. 의심이 커지면 화두가 의단이 된다. 자나 깨나 항상 화두 속에 있어야 오매일여가 된다. 오매일여도 되지 않고 화두참선을 말하지 말라.

 대혜종문무고(오매일여)

湛堂準. 謂大慧杲曰. 杲上座. 我這裏禪. 你一時理會得.
敎你說也說得. 杲 你拈古頌古. 小參普說. 你也做得. 抵是
有一件事未在. 你惺惺思量時. 便有禪. 纔睡着時. 便無了.
若如此. 如何敵生死. 杲曰正是某. 疑處.

담당준이 대혜에게 말씀하셨다. 고상좌여 나의 선법禪法을
그대가 일시에 이해하여 그대에게 설법을 하라고 하면 설법
을 잘하고 염고 송고나 소참 보설할 것 없이 그대는 잘한
다. 그러나 한 가지 사실이 있어서 실오實悟가 아니다. 그대
가 성성이 사량思量할 때는 문득 선이 있으나 겨우 잠들었을
때는 문득 없어진다. 만약에 이러할진대 어떻게 생사를 대
적하겠는가. 종고선사가 대답하되 참으로 이것이 저의 의심
하는 바입니다 하셨다.

대혜종고선사가 담당준선사를 찾아갔을 때에 나눈 문답이다. 화두참선은 대혜종고선사가 제창한 참선법이다.

대혜종고선사도 참선공부를 하다가 잠이 들었을 때는 캄캄한 경계를 맛보았다. 자나 깨나 항상 해야 할 화두가 잠만 들고 나면 통 소식이 끊겨 죽은 송장이 되고 마니 그 점이 의문점이 되었던 것이다. 낮에 깨어 있을 때는 그래도 화두가 성성하게 들리지만 잠만 들고 나면 캄캄하니 그것이 문제였던 것이다.

입으로는 제불보살의 경계를 다 설파하지만 실제로 마음공부의 경지에서 잠들었을 때는 죽은 송장이 되었다.

자나 깨나 항상 화두가 들리는 것이 오매일여다. 오매일여는 의심이 한 덩어리로 뭉쳐야 한다. 밤송이를 삼킨 것같이 목에 딱 걸려야 한다.

삼키자니 목에 걸려 넘어가지도 않고 뱉자니 목에 찔려 나오지 않는 것같이 한 덩어리로 딱 맺혀야 한다.

화두 따로 생각 따로면 화두가 한 덩어리가 되지 않는다. 생각과 화두가 한 덩어리로 뭉쳐야 자나 깨나 화두가 끊이지를 않는다. 화두참선에서 오매일여를 어찌하여 강조하는가 하면 사량분별식思量分別識인 제육식지해사견第六識知解邪見을 몽땅 녹여버리기 위해서다. 오매일여는 사량 분별 망상이 다 떨어져야 나타나는 현상이다. 사량 분별 망식이 남아있는 한 오매일여는 절대로 안 된다. 오매일여의 경계도 맛보지 않고서 간화선看話禪을 문제 삼지 말라.

간화선이 문제가 아니다. 그대 마음에 망식妄識이 문제다. 그대 마음속에 분별망상심이 남아 있는 한 절대로 오매일여는 되지 않는다. 그렇다고 억지로 망상심을 털어버리려고 하지 마라.

화두는 망상심을 녹이는 용광로다. 의심을 키우면 자연히 망상심은 저절로 사라진다. 억지로 망상심을 털어내려고 할 필요는 없다. 화두를 크게 의심하는 것이 의단을 키우는 길이다.

자나 깨나 앉으나 서나 의심하는 것이 화두참선법이다. 화두참선은 의심하는데 오悟가 있다. 오매일여의 경지를 거치지 않고 돈오견성頓悟見性한 자는 없다. 화두참선에서 오매일여는 꼭 거쳐야 할 수행의 단계다. 화두를 참구하는 자는 이 점을 알아야 한다.

三項 대혜광록(오매일여)

大慧問圓悟. 自念. 此身尙在. 只是睡着. 已作主宰不得. 況
地水火風. 分散. 衆庫熾然. 如何不被回換. 悟但以手. 指曰.
住住. 休妄想妄想. 又曰待汝說底許多妄想. 絶時. 汝自到寤
寐恒一處也. 初聞. 亦未之信. 每日我自顧. 寤與寐. 分明作
兩段. 如何敢大開口. 說禪. 佛說寤寐恒一. 是妄語則. 我此
病. 不須除. 佛語果不欺人. 乃是自我未了. 後聞薰風. 自南
來. 忽然去却碍膺之物. 方知夢時. 便是寤時底. 寤時便是夢
時底. 佛言寤寐恒一. 方始自知. 這般道理. 拈出人不得. 呈
似人不得. 如夢中境界. 取不得捨不得.

대혜스님이 원오스님에게 물었다. 제가 생각하니 이 몸이
아직 존재하여도 다만 수면할 때는 주재가 되지 않습니다.
하물며 지수화풍이 분산하는 사경에서 중고가 치연히 일어

날 때는 어찌 하물며 뒤바뀌어 전도되지 않겠습니까. 원오
스님께서 다만 손으로 가리키면서 그만하고 그만하라. 그리
고 망상을 쉬고 망상을 쉬라 하셨다. 또 말씀하시기를 그대
가 설법하는 허다한 망상이 단절될 때에 그대 스스로 오매
항일처에 도달하게 될 것이다 하셨다. 처음 그 말씀을 듣고
는 또한 믿지 않았다. 그리고 매양 말하기를 내가 스스로
회고해 보니 오와 매가 분명하게 두 조각이 되거늘 어찌 감
히 크게 입을 열어서 선을 설하겠는가. 다만 부처님이 오매
항일寤寐恒一이라한 부처님 말씀이 망어妄語라면 나의 이 병
을 제거할 것이 없지만 부처님 말씀이 과연 사람들을 속이
지 않았다면 이것은 내가 아직 깨닫지 못한 것이다. 후일에
훈풍이 남쪽으로부터 불어온다는 설법을 듣고 홀연히 심중
에 애응碍膺된 물건을 지각하고서 바야흐로 몽시가 곧 오시
이고, 오시가 곧 몽시 같음을 알게 되니 부처님께서 말씀하
신 오매항일을 바야흐로 비로소 알게 되었다. 이 도리는 타
인에게 염출할 수 없고 바쳐 일러줄 수가 없다. 몽중경계와
같이 취할 수도 버릴 수도 없다.

대혜스님이 원오스님께 묻는 문답이다. 대혜스님께서 묻
는 말은 오매일여도 안 되는데 이 몸뚱이가 죽어서 사대四大가 흩
어져 많은 고통이 엄청나게 일어날 때는 어떻게 해야만 합니까
하고 물었다. 원오스님이 말씀하시되 그만 망상을 쉬고 망상을
쉬라 하셨다.

그대가 설하는 그 망상 설법이 다 쉴 때에 오매항일처寤寐恒一處에 도달하게 될 것이다 했다. 오매일여는 입으로 말하는 곳에 있지 않다. 번뇌 망상이 다 떨어져야 그 자리가 오매일여하는 곳이다. 망상이 남아 있는 한 오매일여는 되지 않는다.

부처님도 말씀하신 것이 오매일여다. 조사와 선지식이 다 오매일여를 말씀하고 계신다. 사람을 속이는 말이 아니다. 수행하면 얻어지는 마음의 경계다.

대혜스님도 처음에는 듣고도 믿지 않았다. 오寤와 매寐가 분명하게 두 쪽이 나 있었다. 깨어 있을 때와 잠잘 때가 분명하게 달랐던 것이다. 그래서 대혜선사도 처음에는 믿지를 않았다. 그러다가 원오스님의 훈풍薰風이 자남래自南來 법문을 듣고 확철대오하여 몽시夢時가 오시寤時고, 오시가 몽시임을 깨달아 불조佛祖의 말씀이 거짓이 아님을 확실하게 깨달았다.

오매일여는 잠들었을 때와 깊은 잠이 들었을 때의 두 가지가 있다. 교가敎家에서는 몽중위夢中位는 제육의식第六意識의 영역이다. 숙면위熟眠位는 제팔식아뢰야第八識阿賴耶의 영역이다.

몽중위는 칠지七地에 해당하고, 숙면위는 팔지이상자재보살八地以上自在菩薩들과 팔식의 미세한 업식도 영리永離한 불지佛地의 진여항일眞如恒一을 말한다. 오매일여를 믿지 않는 것은 대혜스님뿐만이 아니다.

수행자의 고금통병古今通病이다. 대혜스님도 담당 원오스님을 만나지 않았으면 고불고조古佛古祖의 구경무심불지究竟無心佛地를 깨닫지 못 하였을 것이다.

화두참선에서 오매일여寤寐一如, 숙면일여熟眠一如는 수행자가
꼭 거쳐야 할 수행단계다. 오매일여가 무엇인지도 모르는 수행자
는 입 딱 다물고 죽자 살자 화두를 챙겨라.

대혜스님도 믿지 않았던 오매일여가 그대를 기다리고 있다.

四項 대명고승전(오매일여)

妙喜一生. 不自肯. 晚登川勤之室. 直階華嚴七地.

묘희(大慧)도 일생을 스스로 긍정하지 않고 만년에 천근川勤 (원오)의 소실에 입참하여 곧바로 화엄칠지七地에 올라섰다.

대혜스님도 처음에는 오매일여를 믿지 않았다. 제불조사가 다 말씀하신 것을 자기 마음 경계가 오매일여하지 않기 때문에 부정하고 믿지를 않았다.

나중에 늦게 원오극근선사를 친견하고 그 회상에서 십여 년 참구하던 중에 깨닫게 된다. 깨닫기 전에는 자기 마음 경계가 아니므로 믿지를 않는 것이다. 대혜스님뿐만이 아니다. 누구나가 다 그렇다.

오매일여인 몽중일여夢中一如는 제육식第六識의 영역으로서 교가에서 말하는 화엄칠지위華嚴七地位에 속한다. 제육식의 망식妄識이 다 떨어져야 몽중일여가 된다. 육식망식六識妄識이 남아 있는 한 몽중일여는 되지 않는다. 화두참선 자가 몽중일여가 되지 않는 것은 육식망식이 있기 때문이다. 육식망식이 다 녹아나야 몽중일여가 된다.

몽중일여가 된다고 해도 아직 칠지七地인 만큼 넘어야 할 산이 남았다. 설사 몽중일여가 된다고 해도 숙면일여熟眠一如가 되지 않으면 아직도 멀었다. 잠이 아주 깊이 푹 들었을 때 일여一如해야 한다. 숙면일여는 팔지이상자재위八地以上自在位에 들어가야 한다.

숙면일여도 다 된 것이 아니다. 아직 팔식미세혹八識微細惑이 남아 있기 때문이다. 오매일여도 숙면일여도 수행자가 거쳐야 할 수행의 단계다.

수행은 깨어 있어야 한다. 죽어 있으면 안 된다. 자나 깨나 앉으나 서나 항상 깨어 있어야 한다.

일여一如는 한결같이 깨어 있는 것을 말한다. 화두참선 자는 어떠한 경계가 닥쳐와도 항상 깨어 있어야 한다. 깨어 있지 않는 것은 죽어 있는 것이다. 생生과 사死가 와도 마찬가지다. 생사일여生死一如가 되지 아니하면 안 된다. 생生 속에서도 사死 속에서도 항상 깨어 있어야 한다.

일여는 깨어 있음이다. 또렷또렷하게 깨어 있는 것이 일여다. 또렷또렷하게 깨어 있는 것이 백천삼매百千三昧이다. 백천삼매는 부처님 마음경계다.

五項 능엄경십(오매일여)

想陰盡者. 是人平常. 夢想消滅. 寤寐恒一. 覺明虛靜. 猶如
虛空. 無復麤重影事.

상음想陰이 멸진하자는 시인是人이 평상시에 몽상이 소멸하
여 오매항일하고 각명이 공허하며 적정하여 허공과 같아서
다시는 추중한 전진망상前塵妄想의 영사影事는 없다.

이 내용은 《능엄경》에 있는 말이다. 색수상행식오온중色
受想行識五蘊中에 상음想陰이 멸진滅盡해서 이 사람은 평상시 몽상夢
想이 소멸하여 자나 깨나 항상 일여一如하다는 것이다. 제육식第六
識의 추중망상麤重妄想은 소멸되어도 제팔식미세망식第八識微細妄識
은 아직 상존한다.

오매항일은 몽중일여夢中一如와 숙면일여熟眠一如에 통한다. 몽

중일여는 칠지七地이고, 숙면일여는 팔지이상八地以上에 속한다. 몽중일여나 숙면일여가 된다고 해도 칠지팔지七地八地로서는 아직 멀었다.

구경각究竟覺인 불지佛地를 증득證得해야만 된다. 이렇게 교가교설敎家敎說을 인용하지만 오매일여가 되지 않고는 무슨 말인지 모를 것이다.

화두참선은 실참실구實參實究를 해야 한다. 남이 설해 놓은 어록語錄이나 경구經句는 그림의 떡이다.

참선은 자증자오自證自悟해야 한다. 남의 입만 쳐다본들 개꼬막 보기다. 스스로 깨닫고 스스로 증득해야 한다.

六項 화엄경십지품(오매일여)

菩薩. 住此第七地. 修習方便慧. 殊勝道. 安住不動. 無有一
念. 休息廢捨. 行住坐臥. 乃至睡夢中. 未曾與盖障. 相應.

보살이 이 칠지七地에 주하면 방편혜와 수승도를 닦아 동하
지 않는데 안주하여 일념一念도 휴식하여 폐사하지 않나니
행주좌와行住坐臥와 내지수몽중乃至睡夢中에도 잠시도 개장盖
障과 상응하지 않는다.

이 내용은 《화엄경》 십지품에 있는 말씀이다. 제칠지第七
地의 무상정無想定에서는 추중망식麤重妄識이 습복習伏되어 몽중夢
中에서도 장애가 하나도 받지 않고 여여한 것을 말한다.
　몽중일여夢中一如도, 숙면일여熟眠一如도 화두話頭가 일여해야 된
다. 화두가 일여하지 않으면 몽숙일여夢熟一如가 되지 않는다. 화

두가 깨어 있을 때도 일여해야 한다. 깊이 잠들었을 때도 항상 일여해야 한다.

몽중일여, 숙면일여를 여러 번 자주 논하는 것은 부처님께서도 여러 경전에서 말씀하신 내용을 인용하기 때문이다.

수행자가 자기 경계가 아니므로 믿지를 않으니까 부처님 말씀임을 확실하게 경전의 전거를 든 것이다.

七項 태고집(오매일여)

漸到寤寐一如時. 只要話頭心不離. 疑到情忘心絶處. 金烏夜半. 徹天飛. 於時莫生悲喜心. 須參本色. 永決疑.

점차로 공부가 오매일여 할 때에 도달하거든 다만 심중의 화두를 놓지 말아야 한다. 의심하여 정망情忘하고 마음이 끊어진 곳에 다다르면 금오(불성)가 야반(無明)에 하늘 끝까지 날아(비춤)갈 것이다. 그때에 희비심을 내지 말고 모름지기 본색정안本色正眼을 참구하여 영영히 의심을 결단하라.

태고보우스님은 고려 말 공민왕의 왕사이며 국사다. 스님은 공부한 경지를 밝혀줄 선지식이 없어서 46세 때 중국 연경燕京으로 가서 47세 때 하무산천호암霞霧山天湖庵에서 임제臨濟의 18대 손孫인 석옥石屋첨공화상을 친견하고 인가를 받았다.

그때 태고암가太古庵歌를 지어 바치니 화상께서 발문을 써주셨다. 다시 연경 영녕선사永寧禪寺에서 개당설법開堂說法을 하셨다. 이때 중국에 와 계신 공민왕을 만났으며, 48세에 귀국하여 용문산소설암龍門山小雪庵에 계시다가 56세 때 봉은선사奉恩禪寺에서 개당설법開堂說法을 하고 왕사王師로 추대되었다.

우리나라 임제종臨濟宗 초조初祖이시다. 신돈이 죽자 국사國師로 추앙되었다. 특히 공민왕을 위한 심요법문心要法門을 보면 부모미생전면목父母未生前面目을 자세히 살필 것을 권하였고, 어묵동정語黙動靜에 화두가 끊이지 않게 자나 깨나 한결같이 오매일여寤寐一如에 이르도록 힘쓰라고 하셨다.

태고스님은 27년 간을 각고참구刻苦參究하여 37세에 오매일여寤寐一如가 되고, 38세에 대오大悟하여 중국 석옥선사石屋禪師의 법을 잇게 된 것이다.

원문은 짧지만 자자구구字字句句가 실참실구實參實究한 흔적이 여실하다. 실참실구한 참수행자가 아니면 말할 수 없는 내용들이다. 오매일여 할 때도 화두는 놓지 말라. 의단이 독로하여 망정과 식심이 몽땅 녹아내리면 본래 불성자리가 드러날 것이라고 당신이 체험한 세계를 여실하게 말씀하고 계신다.

태고스님 법문은 종횡무진 여탈 자재하여 임제선사의 활발발한 기개가 그대로 드러나 있다. 법문이 힘이 넘치고 당당하다. 한마디 한마디가 하늘을 찌를 듯 옹골차고 힘이 넘친다.

천하를 삼킬 듯한 대오각성大悟覺性의 사자후獅子吼다. 화두참선자는 화두가 생명이다. 화두를 놓는 것은 화두참구를 그만둔 것이다.

화두참선 자는 자나 깨나 화두 속에서 살아야 한다. 화두와 하나가 되어야 한다. 화두와 하나가 되는 수밖에 없다.

의심하는 마음이 크면 클수록 좋다. 의심은 화두공부의 첩경이다. 크게 의심하라. 크게 깨달을 것이다. 태고스님도 그러하셨고, 부처님도 그러하셨으며, 역대 조사가 다 오매일여를 체험하셨다.

절대로 속이는 말이 아니다. 화두참선 자는 마음에 새기고 죽자 살자 한평생을 화두 속에서 살아야 한다.

八項 나옹집(오매일여)

工夫. 旣到動靜無間. 寤寐恒一. 觸不散. 盪不失. 如拘子見
熱油鐺相似. 要舐又舐不得. 要捨又捨. 不得時. 作麼生合
殺.

참선공부가 이미 동정에 틈이 없으며 오매에 항상 일여함에
부딪쳐도 흩어지지 않고 탕탕히 망실되지도 않는다. 마치
개가 팔팔 끓는 기름 가마를 보는 것과 같아서 핥으려 해도
핥을 수가 없고 버리려 해도 버릴 수가 없을 때에는 어떻게
하는 것이 합당하겠는가.

나옹혜근懶翁惠勤스님은 고려 공민왕 때 왕사王師이시다.
중국 법원사法源寺 지공화상指空和尙을 친견하고, 평산처림平山處林
화상의 법을 이어받고 십여 년 간 중국에 계시면서 광제사廣濟寺

에서 개당설법開堂說法을 하셨다. 평산처림화상은 임제종 양기파 스님이시다.

이 법문은 나옹화상 공부십절목중工夫十節目中에 제육절목第六節目이다. 화두참선자가 오매일여寤寐一如의 경계를 통과하는 것은 필수적 조건이다. 만일 오매일여를 통과하지 않으면 견성이 아니고 깨달은 것이 아니다. 화엄 칠지七地인 몽중일여夢中一如를 통과하고 화엄 팔지八地 이상인 숙면일여熟眠一如를 통과해서 십지등각묘각十地等覺妙覺인 구경각究竟覺을 철증徹證해야만 영겁불매永劫不昧한 견성성불見性成佛이다.

나옹선사는 오매일여의 경지를 동정에 틈도 없고 경계마다 부딪쳐도 탕탕 무실하여 일여함을 말씀하고 계신다. 마치 굶주린 개가 팔팔 끓는 가마솥을 쳐다보는 것과 같아서 핥을 수도 없고 버릴 수도 없는 경계라고 하셨다. 배고픈 개로 봐서는 가마솥에 팔팔 끓는 음식을 먹어야 하는데 입을 대자니 죽겠고 버리자니 배고파 죽을 형편이다. 수행자의 간절한 마음을 비유한 말씀이다. 화두공부는 이렇게 간절하고 절실해야 한다.

절실하고 간절하지 않으면 화두가 들리지를 않는다. 제불조사가 다 겪고 수행한 오매일여이고 숙연일여이다. 화두참선 자는 팔팔 끓는 가마솥을 핥고 뛰어넘어야 한다. 뛰어넘지 못하면 세세생생에 윤회하는 중생 노릇이나 해야 한다. 어떻게 해야만 살아 남을 수가 있겠는가. 모르겠으면 죽자 살자 화두 하나에 목숨을 걸어야 한다. 평생을 화두 하나로 살아라. 대장부가 할 일은 이것뿐이다.

第十六節

死中得活

如今人. 多是得箇身心. 寂滅. 前後際斷. 休去歇去. 一念萬
年. 便爲究竟. 殊不知. 却被此勝妙境界. 障弊自己. 自己正
知見. 不能現前. 神通光明. 不能發露.

요새 참선공부하는 사람은 대다수가 몸과 마음이 고요하고
앞과 뒤가 단절함을 체득하면 쉬어 가고 쉬어 가서 한 생각
이 만년 가는 것으로 문득 구경을 삼아버린다. 그러나 이
승묘勝妙한 경계가 자신을 장폐함을 입어서 자기의 바른 지
견이 앞에 나타나지 못하고 신통광명이 발로하지 못한다.

화두공부가 순일하여 잡념망상이 다 끊어지고 앞으로 보
나 뒤로 봐도 한 생각도 일어나지 않고 고요해져서 한 생각이 만
년을 가는 듯 공적한 경계에 처하면 그 경계가 구경각究竟覺으로

착각하여 집착하고 만다.

신심身心이 적멸寂滅하고 일념불생一念不生하여 전후제前後際가 다 끊긴 승묘경계勝妙境界도 구경각은 아니다. 그 경계에서 한 번 죽었다가 살아나야 정오정각正悟正覺이 된다. 죽었다가 살아나라고 하는 것은 번뇌 망상이 다 멸하여 멸한 그곳에서 살아나야 진공묘유眞空妙有가 된다.

진공眞空 상태는 부처님 경계가 아니다. 진공묘유眞空妙有라야 죽었다 살아나는 것이다(死中得活). 마음속에 있는 중생심衆生心이 죽어야 그 자리에서 불성佛性이 살아나는 것이다.

적멸寂滅의 경계는 죽어 있는 진공 상태다. 그 진공 속에서 활발발한 불성佛性인 묘유妙有가 살아서 꿈틀대야 한다.

일념一念이 만년거萬年去해도 그것은 적멸이지 묘유는 아니다. 참선 자가 가장 경계해야 할 경계다. 죽어 있는 것이 참선이 아니다. 살아 꿈틀대는 것이 참선이다.

二項 대혜록(사중득활)

休去歇去. 一念萬年. 前後際斷. 諸方有箇. 到這般田地. 他
却喚作勝妙境界. 舊時寶峯廣道者. 便是這般人. 一箇渾身.
都不理解. 不見有世間事. 世間塵勞. 昧他不得. 雖然恁麽.
却被勝妙境界. 障却道眼. 須知一念不生. 前後際斷處. 正要
見尊宿.

쉬어 가고 쉬어 가면 한 생각이 만년이며 앞뒤가 다 끊어지
니 제방에서 몇이나 이런 경지에 이르렀는가. 참으로 이를
승묘경계勝妙境界라고 부르고 있으니 옛적에 보봉의 광도자
廣道者가 참으로 이러한 사람이다. 자기의 혼신을 몽땅 망각
하고 세간사가 있는 것을 보지 못하고 세간의 진로가 그를
매각하지 못한다. 비록 그러하나 도리어 이 승묘경계에 떨
어져서 도의 눈을 장애하고 있으니 참으로 일념불생一念不生

하고 앞뒤가 끊어진 경계에 도달해서는 참말로 선지식을 참
견해야 함을 알아라.

옛날 규봉스님도 한 생각 일어나지 않고 전후제가 다 끊
어진 경계를 돈오돈수頓悟頓修의 경지라고 입이 쓰도록 말했으나
그것이 구경각究竟覺은 아니다. 제불조사諸佛祖師의 정안正眼으로
보면 웃을 일이다.

마음이 쉴 대로 다 쉬고 한 생각이 만년이나 가고 앞뒤가 다 끊
어졌을지라도 그것은 구경정각究竟正覺은 아니다. 살아나지 못하
면 적멸寂滅에 빠진 외도外道가 되고 만다. 죽는 가운데서 살아나
라고 하는 것이 그것을 말씀하신 것이다. 화두참선 자가 이러한
경계가 오면 눈 밝은 선지식을 반드시 찾아가서 점검을 받아야
한다.

명안종사明眼宗師가 아니면 공들인 공부가 허사가 되고 만다. 그
래서 수행자는 선지식 밑에서 철두철미하게 공부를 해야 한다.
공인公認 받지 않는 자증자오自證自悟는 규봉스님과 같은 경계에
빠지고 만다. 수행자는 삼가 경계하고 경계할 일이다.

達磨云. 外息諸緣. 內心無喘. 心如墻壁. 可以入道. 一念不
生. 前後際斷. 塵勞頓息. 昏散剿除. 終日獃獃 憃憃 地. 恰似箇
泥爍木彫底. 故謂墻壁無殊. 到這境界現前. 卽到家消息. 決
定去地不遠.

달마대사가 말했다. 밖으로 모든 인연을 쉬고, 안으로 마음
이 헐떡거림이 없으며, 마음이 장벽과 같아야 가히 도에 들
어갈 수가 있다 하였다. 한 생각도 일어나지 않고 전후제가
끊어져서 티끌번뇌가 다 쉬고 혼침과 산란을 다 없애 제하
면 종일토록 분별이 없어서 진흙이나 나무로 만든 상과 같
아 짐짓 담장과 같다 하였다. 이러한 경계가 나타나면 집에
도착할 소식이 틀림없이 멀지 않았다.

달마대사는 서천 28대 조사다. 인도에서 중국으로 와서 부처님 정법안장을 이조 혜가대사에게 전하였다.

밖으로 모든 인연을 쉬어버리고 마음에서는 번뇌 망상이 다 없어져서 마음이 장벽과 같이 무심해야 부처님 도에 들어갈 수가 있다고 했다.

마음이 헐떡거림이 없고, 마음이 장벽과 같다는 것은 무심삼매無心三昧를 말한 것이다. 그렇지만 한 생각이 나지 않고 앞뒤가 다 끊어진 마음 경계라 해도 그것은 죽어 있는 마음이다.

불성은 죽어 있는 마음이 아니다. 불성은 깨어 살아 있는 마음이다. 느낌이 없고 감각작용이 없는 돌멩이가 불성이 아니다. 불성은 소소영영하게 깨어 살아 있다.

진흙이나 나무로 만든 소상이 부처님 마음이 아니다. 적적寂寂성성 깨어 있는 것이 불성이다. 보나 본 것이 없고 본 것이 없지만 또렷또렷하게 깨어 있는 마음이다.

그 마음이 무심이며 불성본심이다. 그 불성을 확실하게 깨달아야만 견성성불見性成佛이라고 한다. 수행자가 빠지기 쉬운 곳이 승묘경계勝妙境界다. 승묘경계는 일념불생一念不生하고 전후제前後際가 다 끊어진 적적요요寂寂寥寥한 경계다.

그 경계는 구경각究竟覺이 아니다. 그 곳에서 활발발活潑潑하게 살아나야 한다. 살아나지 못하면 살아 있으나 죽어 있는 송장이다. 역대 제불조사가 다 이 말씀하시고 계신다. 내 말이 아니라 불조佛祖의 말씀이다.

四項 대혜록(사중득활)

老漢. 見圓悟老師. 擧熏風自南來. 忽然前後際斷. 如一緱亂
絲. 將刀一截截斷相似. 雖然動相不生. 却坐在淨裸裸處. 老
師云可惜. 死了不得活. 不疑言句. 是爲大病. 絶後更生. 欺
君不得. 每入室. 只擧有句無句. 藤倚樹. 纔開口. 便道不是.
我說箇譬喻曰. 這箇道理. 恰似狗看熱油鐺相似. 要舐又舐
不得. 要捨又捨不得. 一日老師. 擧樹倒藤枯相隨來也. 老漢.
便理會得. 乃曰某會也. 老師曰. 祇恐你透公案不得. 連擧一
絡索. 餶飿公案. 被我三轉兩轉截斷. 如箇太平無事. 得路便
行. 更無滯碍. 方知道我不謾你.

노한이 원오노사의 훈풍이 남쪽으로부터 온다는 것을 거량
함으로 보고 홀연히 앞과 뒤가 끊어짐을 받으니 한 타래의
실을 날카로운 칼로 한번에 단절함과 같아서 비록 동상이

나지 않으나 도리어 뒷간 처에 앉아 있음이로다. 노사가 말하되 가석함이로다. 죽고 나서 살아나지 못함이로다. 언구를 의심하지 않는 것이 큰 병이니 죽어 끊긴 후에 다시 살아나서 그대를 속이는 것이 아니다 하셨다. 매일 입실함에 유구무구有句無句는 등넝쿨이 나무를 의지함과 같다함을 거량하고서 겨우 입을 열기만 하면 문득 틀렸다고 하셨다. 내가 비유를 말하되 저 개의 도리는 흡사 개가 팔팔 끓는 기름 가마를 보는 것과 같아서 핥으려고 하나 핥을 수가 없고 버리려고 하나 버릴 수가 없다 하였다. 일일에 노사가 나무가 넘어지니 등나무가 말라 죽는다한 때에 서로 따라간다라고 거량하니 노한老漢이 문득 확철하여 이해하였다. 그리하여 저가 이해하였는가 하니 노사老師가 말하기를 내가 다만 공안을 투과 못할까 두려워한다고 하며 드디어 한 꾸러미의 난해한 효와공안餚訛公案을 연거하였다. 내가 삼전양전三轉兩轉하여 절단하되 태평무사시에 대로를 얻어 문득 행진함과 같아서 다시 체하고 장애됨이 없으니 바야흐로 내가 그대를 속이지 못한다함을 알았다.

　　🔔　대혜종고선사도 공부 중에 천하 선지식을 다 친견하여 견처를 검증받았다.

　가는 곳마다 다 인정을 하는데 오직 원오극근선사만은 인정을 하지 않았다. 입을 열려고 하면 불시한不是漢이라고 했다. 입을 닫고 아무 말을 안 해도 불시한이라고 했다. 불시한은 아직 덜된 놈이라는 말이다.

확철대오를 못했다는 말이다. 천하 선지식이 다 나의 견처見處를 인정하는데 어찌하여 노스님만은 대혜를 인정하지 않습니까 하고 물었다.

그대가 오매일여寤寐一如도 되고 몽중일여夢中一如도 된다고 하였는데 그렇다면 병중일여病中一如는 되던가 하고 물었다. 대혜선사는 아직까지는 아파 보지 않았기 때문에 병중일여는 모른다고 했다.

그렇다면 그대가 차후라도 아파 보고 나서 병중일여가 되면 다행이지만 병중일여가 안 되거든 내 말이 무슨 말인지 알 것이라고 했다. 대혜선사 그 후에 돌림병인 염병에 걸려서 사경死境을 헤매다 보니 병중일여가 되지 않는 것을 보고 깜짝 놀라서 원오노사가 불시한不是漢이라고 한 뜻을 깨닫게 되었다.

그 후 원오노사를 찾아가 병중일여가 되지 않음을 말씀드리고 나서 7년 간을 시봉하면서 정진을 하여 확철대오하게 된다.

명안종사明眼宗師의 눈은 속일 수가 없다. 덜된 놈을 덜된 놈이라고 하는 것이 눈 밝은 선지식의 안목이다.

원오선사의 눈이 진짜 눈이다. 천하 선지식이 다 대혜를 인정했어도 명안종사인 원오선사만큼은 불시한이라고 했다. 아직 대혜선사는 병중일여도 안 되는 덜된 놈이기 때문이다.

종사의 안목은 이렇게 옥석玉石을 가린다. 병중일여도 되지 않았는데 어떻게 생사일여生死一如가 되겠는가. 공부는 눈 밝은 선지식 밑에서 철저하게 해야 한다.

병중일여도 안 되는 불시한을 다 되었다고 인정하는 할안종사瞎眼宗師가 되지 마라. 썩은 동태눈은 죽은 송장의 눈이다. 화두참선은 철두철미하게 명안종사의 회상會上에서 공부를 해야 한다. 그래야 남도 살리고 자기도 산다.

가슴에 손을 얹고 생각해 보라. 할안종사瞎眼宗師가 명안종사明眼宗師 노릇을 하고 있지는 않는가 살펴볼 일이다. 화두참선 자는 화두와 하나가 되는 것이 중요하다. 화두와 하나가 되어보지도 않고서 어떻게 간화선을 논한다는 말인가. 말도 안 되는 말이다.

간화선看話禪이 문제가 있는 것이 아니다. 화두참선 자에게 문제가 있다. 화두를 드는 방법에 문제가 있다. 그것도 모르고 간화선을 탓하지 마라. 오매일여, 숙면일여도 되지 않는 주제에 간화선에 문제를 제기한다면 그것이 문제다.

문제는 화두에 의심을 갖지 않는 것이 문제다. 화두는 의심하는 것이 화두다. 의심하지 않은 화두는 화두참선이 아니다. 죽다 살아날 정도로 의심하는 것이 간화선이다.

죽어보지도 않고서 어찌 간화선을 논하는가. 이 조그만 한 책자가 화두참선 자의 바른 길잡이가 되었으면 한다. 한국 불교는 간화선이 근간이다. 천년 동안 쌓아온 근간이 간화선이다. 역대 조사스님들이 다 이 화두참선으로 선지식이 되었다.

第十七節

五宗家風

一項 임제가풍

赤手單刀. 殺佛殺祖. 辨古今於玄要. 驗龍蛇於主賓. 操金剛
寶劍. 掃除竹木精靈. 奮獅子全威. 震裂狐狸心膽. 要識臨濟
宗麼. 靑天轟霹靂. 平地起波濤.

알몸에 한 칼로 부처님도 죽이고 조사라도 죽인다. 옛날이
나 지금이나 삼현삼요三玄三要로써 판단하고 용과 뱀을 빈
주구賓主句로 알아낸다. 금강왕의 보배 칼로 도깨비를 쓸어
내고 사자의 위험을 떨쳐서 뭇 짐승의 넋을 찢는구나. 임제
종을 알려고 하는가. 푸른 하늘에 벼락치고 평지에서 물결
친다.

二項 임제종혈맥

本師釋迦佛. 至三十三世. 六祖慧能大師下. 直傳南嶽懷讓.
馬祖道一. 百丈懷海. 黃壁希運. 臨濟義玄. 興化存獎. 南院
道顒. 風穴延沼. 首山省念. 汾陽善昭. 慈明楚圓. 楊岐方會.
白雲守端. 五祖法演. 圓悟克勤. 經山宗杲 禪師等.

우리 스승 석가모니로부터 33세 되는 육조 혜능대사 밑에
서 곧게 전해 내려가기를 남악회양·마조도일·백장회해·
황벽희운·임제의현·홍화존장·남원도옹·풍혈연소·수
산성념·분양선소·자명초원·양기방회·백운수단·오조
법연·원오극근·경산종고 같은 이들이다.

權開五位. 善接三根. 橫抽寶劍. 斬諸見稠林. 妙協弘通. 截
萬機穿鑿. 威音那胖. 滿目煙光. 空劫已前. 一壺風月. 要識
曹洞宗麽. 佛祖未生空劫外. 正偏不落有無機.

권도로써 다섯 자리를 열어놓고 세 가지 근기를 잘 다룬다.
보배 칼을 비껴들고 삿된 소견 많은 숲을 말끔하게 베어내
고 널리 통하는 길을 묘하게도 맞추어서 천만 가지 모든 생
각을 끊어버리는구나. 위음왕불 나시기 전 까마득한 그 빛
이요 하늘과 땅 생기기 전 신선 세계 경치로다. 조동종을
알고자 하는가. 부처님도 안 계시고 아무도 없던 그 전 똑
바른 것 치우친 것 있거나 없는 것에 떨어지지 않는다.

四項 조동종혈맥

六祖下傍傳. 曰靑原行思. 石頭希遷. 藥山惟儼. 雲巖曇晟.
洞山良介. 曹山耽章. 雲居道膺禪師等.

육조 아래에서 곁갈래의 청원행사·석두희천·약산유엄·
운암담성·동산양개·조산탐장·운거도응 같은 이들이다.

五項 운문가풍

劍鋒有路. 鐵壁無門. 掀翻露布葛藤. 剪却常情見解. 迅電不及思量. 列焰寧容湊泊. 要識雲門宗麽. 柱杖子詩跳上天. 盞子裏. 諸佛說法.

칼날에는 길이 있고 철벽에는 문이 없다. 드러난 말썽거리 흔들어 업고 온갖 못된 소견 잘라내어 버렸다. 번개같이 빨라 생각이 미치지 못하고 활활 타는 불꽃에 어물거려 볼 테냐 운문종을 알려고 하는가. 주장자는 날뛰어서 하늘로 올라가고 조그마한 잔 속에서 부처님들 설법한다.

六項 운문종혈맥

馬祖傍傳.　曰天皇道悟.　龍潭崇信.　德山宣鑑.　雪峰義存.　雲門文偃.　雪竇重顯.　天衣義懷禪師等.

마조의 곁갈래로 천황도오·용담숭신·덕산선감·설봉의존·운문문언·설두중현·천의의회 같은 이들이다.

七項 위앙가풍

師資唱和. 父子一家. 脇下書字. 頭角崢嶸. 室中驗人. 獅子腰折. 離四句絶百非. 一搥粉碎. 有兩口無一舌. 九曲珠通. 要識潙仰宗麽. 斷碑橫古路. 鐵牛眠小室.

스승과 제자가 부르면 화답하고, 아버지와 아들이 한 집에 살고 있다. 옆구리엔 글자 쓰고 머리 위엔 뿔이 뽀족 솟았구나. 방안에서 사람들을 시험하니 사자허리가 부러졌다. 네 가지 말 다 여의고 백 가지 아닌 것도 모든 끊어버려 한 망치로 부수었네. 입은 둘인데 혀는 하나도 없구나. 아홉 굽이 구슬도 분명하게 꿰뚫었구나. 위앙종을 알고자 하는가. 끊어진 비석은 옛길에 누웠는데 무쇠 소는 작은 집에서 졸고 있구나.

八項 위앙종혈맥

百丈傍傳. 曰潙山靈佑. 仰山慧寂. 香嚴智閑. 南塔光湧. 芭
蕉慧淸. 霍山景通. 無着文喜禪師等.

백장의 곁갈래로 위산영우·앙산혜적·향엄지한·남탑광
용·파초혜청·곽산경통·무착문희 같은 이들이다.

九項 법안가풍

言中有響. 句裡藏鋒. 髑髏常干世界. 磨髑家風. 風柯月渚. 顯露眞心. 翠竹黃花. 宣明妙法. 要識法眼宗麼. 風送斷雲歸嶺去. 月和流水過橋來.

말 속에는 메아리가 울려오고 법구 속에는 칼날이 숨었구나. 해골박은 천하를 간섭하고 콧구멍은 닿는 대로 가풍이 불어대네. 바람 부는 나무숲과 달빛 치는 물가에는 참마음이 드러나고, 푸른 대와 누런 국화 묘한 법을 보여주네. 법안종을 알고자 하는가. 맑은 바람 구름 밀어 산마루로 올라가고 밝은 달은 물에 떠서 다리 지나 흘러오네.

十項 법안종혈맥

雪峰傍傳. 曰玄沙師備. 地藏桂琛 法眼文益. 天台德韶. 永
明延壽. 龍濟紹修. 南臺守安禪師等.

설봉의 곁갈래니 현사사비 · 지장계심 · 법안문익 · 천태덕
소 · 영명연수 · 용제소수 · 남대수안 같은 이들이다.

十一項 임제종지

大凡一句中. 具三玄. 一玄中具三要. 一句. 無文綵印. 三玄
三要. 有文綵印. 權實玄. 照用要.

무릇 일구 가운데 삼현이 갖추어져 있고, 일현 가운데 삼요
가 갖추어져 있으며, 일구는 문채가 없는 인이요 삼현 삼요
는 문채가 있는 인이다. 방편과 실은 현이요 비추고 쓰는 것
은 요다.

十二項 삼 구

第一句 喪身失命(如印印空)
第二句 未開口錯(如印印水)
第三句 糞箕掃箒(如印印泥)

첫째 구는 몸이 죽고 숨이 끊어진 것이요
(도장을 허공에 찍는 것과 같다.)
둘째 구는 입을 열기 전에 그르쳤다.
(도장을 물에 찍는 것과 같다.)
셋째 구는 똥삼태기와 똥 묻은 빗자루다.
(도장을 진흙에 찍는 것과 같다.)

十三項 삼 요

一要. 照卽大機
二要. 照卽大用
三要. 照用同時

첫째 요는 비침이 곧 큰 기틀이요
둘째 요는 비침이 곧 큰 씀이다.
셋째 요는 비침과 씀이 한때다.

十四項 삼 현

體中玄. 三世一念(行)

句中玄. 徑截言句等(智)

玄中玄. 良久棒喝等(理)

체 가운데 현은 삼세가 한 생각이라는 따위다(수행).

구 가운데 현은 지름길 말들이다(지혜).

현 가운데 현은 양구와 방망이와 할 같은 것들이다(이치).

十五項 사료간

奪人不奪境. 待下根.
奪境不奪人. 待中根.
人境俱奪. 待上根.
人境俱不奪. 待出格人.

사람을 빼앗고 경계를 빼앗지 않는 것은 하근기를 다루는 법이다.
경계를 빼앗고 사람을 빼앗지 않는 것은 중근기를 다루는 법이다.
사람과 경계를 함께 빼앗는 것은 상근기를 다루는 법이다.
사람과 경계를 함께 빼앗지 않는 것은 격밖에 사람을 다루는 법이다.

十六項 사빈주

賓中賓. 學人無鼻孔. 有問有答.
賓中主. 學人有鼻孔. 有主有法.
主中賓. 師家無鼻孔. 有問在.
主中主. 師家有鼻孔. 不妨奇特.

손 가운데 손은 배우는 이가 콧구멍이 없는 것이니 물음이
있고 대답이 있는 것이다.
손 가운데 주인은 배우는 이가 콧구멍이 있는 것이니 주인
도 있고 법도 있다.
주인 가운데 손은 스승의 콧구멍이 없는 것이니 묻는 것
만 있다.
주인 가운데 주인은 스승의 콧구멍이 있는 것이니 기특한
것도 해롭지 않다.

十七項 사조용

先照後用. 有人在.
先用後照. 有法在.
照用同時. 驅耕奪食.
照用不同時. 有問有答.

먼저 비추고 뒤에 쓰는 것은 사람이 있는 것이다.
먼저 쓰고 뒤에 비추는 것은 법이 있는 것이다.
비춤과 씀이 때가 같은 것은 밭은 갈게 하고 밥은 뺏는 것
이다.
비춤과 씀이 한때가 아닌 것은 묻는 것이 있고 대답이 있
다.

十八項 사대식

正利. 小林面壁類.
平常. 禾山打鼓類.
本分. 山僧不會類.
貢假. 達磨不識類.

정리란 것은 소림굴에 돌아앉아 있는 따위다.
평상도리라는 것은 화산이 북을 치는 따위다.
본분이란 산승은 모른다는 따위다.
거짓으로 꾸민다는 것은 달마가 알지 못한다는 따위다.

十九項 사 할

金剛王寶劍. 一刀揮斷一切情解.

踞地獅子. 發言吐氣. 衆魔腦裂.

探竿影草. 探其有無師承鼻孔.

一喝不作一喝用. 具上三玄四賓主等.

금강왕 보배 칼이라는 것은 한 칼이(할) 온갖 생각과 알음
알이를 끊어버리는 것이다.

사자가 땅에 버티고 앉아 할이란 말을 하거나 입김만 내쏘
아도 모든 마군의 머리가 터지는 것이다.

탐지하는 댓가지와 그림자 보기를 풀 묶음이란 그 상대지의
콧구멍이 있는가 없는가를 탐지하는 것이다.

한 할로만 쓰지 않고 위에 말한 삼현과 사빈주와 같은 것들
을 다 갖추고 있는 것이다.

二十項 중국 오종 선맥 계보

初祖達磨 · 二祖慧可 · 三祖僧璨 · 四祖道信 · 五祖弘忍 · 六祖慧能

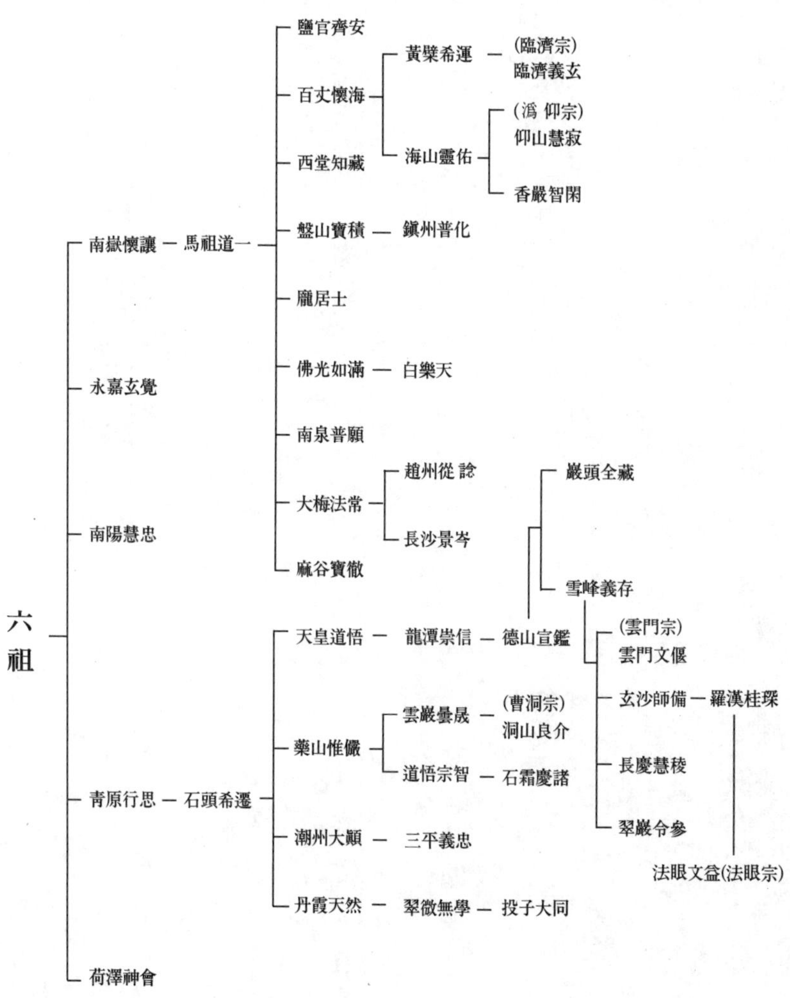

이 몸을 끌고 다닌 주인이 누구냐

화두참선 話頭參禪

초판 1쇄 인쇄 / 2004년 2월 23일
초판 2쇄 발행 / 2005년 7월 11일

역해자 / 이 계 묵
펴낸이 / 김 동 금
펴낸곳 / 우리출판사

· 등록 / 제 9-139호
· 주소 / 서울특별시 서대문구 충정로3가 1-38호 ㉾ 120-837
· 전화 / (02)313-5047, 313-5056
· 팩스 / (02)393-9696
· 메일 / woribook@chollian.net

ISBN 89-7561-204-X   03220

ⓒ이계묵, 2004